事例と図でわかる

建物の法律家
佐久間 悠

建物改修・活用のための
建築法規

適法化・用途変更・リノベーションの手引き

学芸出版社

はじめに ── 「建物の法律」の壁にぶつかる事業者たち

▌私たち、建物の法律家の仕事

「開業間近で工事も終わっているのに、行政から必要な手続きがなされていないと指摘を受けた。相談に乗ってほしい」

「違反建築物を知らずに買ってしまった。なんとか直す方法がないか相談に乗ってほしい」

「コンプライアンスには気を使っていたつもりだが、建物の法律のことはさっぱり分からない。これから事業を続ける上で相談に乗ってほしい」

これらは、ホームページを通じて私たちに問い合わせしてこられた方のご相談内容の一部です。彼らは、何も意図的に違法行為をしようとしていたわけでなく、今まで通り自分たちの事業を進めようとして「建物の法律」の壁にぶつかってしまい、私たちの会社に相談にこられるのです。

特に近年社会的にも注目されている「リノベーション」という手法も含め、中古物件を活用して事業をしようとされる方は多いでしょう。また、テナントとして既存建物に入居することも、中古物件の活用の1つです。しかし、既存建物を使おうとすると、専門家でないと気づかないような「建物の法律」による規制により、事業を断念せざるを得ないような場合もあることを知っておいてほしいのです。

どういうことでしょうか。

私たちは、「建物の法律家」というおそらく多くの人にとって耳慣れない仕事をしています。そして、私たちの会社には、今挙げたような相談が、平均すると年に50件以上寄せられます。これらの相談を寄せてくる方たちは、個人の地主や投資家の方もおられれば、企業に勤められている方、あるいは企業を経営されている方もおられます。

いずれもご自分の事業ではプロの方ばかりです。しかし、自分たちの事業にとって建物が法的にどういう状態にあるか、正確に把握できていないケースがほとんどです。

「そんなの登記簿謄本を取ればいいじゃないか？」あるいは「不動産会社に聞けばすぐ分かることじゃないのか？」と思われるかもしれません。しかし、実は登記簿などで知ることができるのは、建物の情報のほんの一部です。また、建物の法律をよく分かっている不動産会社もほとんどありません。自分たちで、あるいは建築士のような専門家を使って情報を収集し、自身の事業とマッチするか、あるいはその事業を行ってよいエリアなのかなどを総合的に判断していく必要があるのです。

しかし、単に建物の法律の悩みと言われても簡単にイメージができないと思いますので、まずは事業者の視点から、どんなお悩みがあったのかをご覧いただければと思います。

▌開業直前に行政から指摘が入った A 社の場合

「私たちは介護事業を主に行っている会社だが、デイサービスへの用途変更でとても困っている。至急相談に乗ってもらえないだろうか？」

このように電話で相談をしてきたのは、神奈川県を中心に複数のデイサービスの事業所を運営される A 社の社長でした。

A 社は神奈川県の川崎市で、既存物件を改修することにより、新たにデイサービスの事業所を開業しようとしていました。開業を数か月後に控えて工事も終わり、いざ市に介護施設の認可を申請しようとしたところで、市の担当者から「用途変更の確認申請はしていますか？　確認申請していない場合は介護施設としての認可の手続きを進めることができません」と言われたそうです（詳細は本書事例 2-2 ➜ p.116）。

「確認申請[注1]」とは建築物を建てる時に必要となる手続きのことで、建物の計画が建築基準法に合致しているかどうか、確認するものです。一定規模の増改築や、特定の規模・用途に変更する場合にも新築する時と同じように、確認申請が必要となる場合があります（詳細は ➜ p.51）。市の建築部局に届出をせずに用途を介護施設に変えることは違反であると言われたのです。

用途変更って？　確認申請って？
—— 工事業者も意外と分かっていない建物の法律

　社長は「用途変更」「確認申請」という言葉を初めて耳にし、インターネットや書籍等でいろいろ調べたそうです。当時は社長、副社長、専務の役員全員がこれらの内容を必死で調べ、インターネットで私たちの用途変更に関する解説記事を見つけ、この会社になら解決できるかもしれないと相談してこられました。A社はこれまでもデイサービスの事業所を、主に既存建物の改修でいくつも開設しており、川崎市で開業するのも初めてではありません。なぜこのような事態に陥ってしまったのでしょうか。

　事業として建物を使う場合には、「建物の法律」に留意しなければなりません。「建物の法律」というのは、建築基準法や都市計画法といった、直接建物や敷地について規制する法律のほか、バリアフリー法や駐車場法、都市緑地法のように建物や敷地の整備を要求するもの、旅館業法や児童福祉法、そしてA社のような高齢者福祉事業の施設に関する老人福祉法等も、建物の内容について規制を設けているものがあります。

　もちろんA社のような介護施設を運営する事業者は、認可事業であることもあり、老人福祉法等の自社の事業に関わる規制の内容についてはよくご存じでした。しかし、「用途変更」や「確認申請」の内容が詳細に記載された建築基準法のような、建物そのものに関する法律については、確認をする習慣がなかったようです。また、工事を行った業者も、身内の伝手を頼って大工さんに直接発注しており、設計者に依頼することもなかったそうです。そのため、建物に、あるいは建物の手続きに問題があるかどうかということは、行政に指摘されな

注1：建築基準法第6条1項に定められた手続きで、下記の各号の建物を「新築する場合」「1～3号の建物を一定の増改築する場合」「1号の建物へ用途変更する場合」には、建築主は、工事の着手の前に確認申請書を提出して建築主事の確認を受け、確認済証の交付を受けなければならないとされています。
　　1号：別表第1 ➡ p.52 (い)欄に掲げる用途に供する特殊建築物でその用途部分が200㎡を超えるもの
　　2号：木造の建築物で、3以上の階数、延べ面積が500㎡、高さが13m、軒の高さが9m、のいずれかを超えるもの
　　3号：木造以外の建築物で、2以上の階数、延べ面積が200㎡、のいずれかを超えるもの
　　4号：前3号以外の建築物で、都市計画区域等の定められた区域内のもの

い限り、見落としがちになっていたのでした。

▌「建物の法律」が経営や事業運営に与えるインパクト

　では「建物の法律」を見落とすと、具体的にどのような影響があるのでしょうか。

　まずは、想定していた時期に開業できない可能性があります。事業認可の手続きの手前で、建物のほうの申請（確認申請）が必要になるので、その分余計に時間がかかります。申請用の図面の作成や、審査の時間を合わせると、どんなにスムーズに進んでも2か月程度はかかるので、ギリギリの予定で進めていた場合には、開業時期がずれ込むおそれがあります。それにより、年度明け等のタイミングの良い時期に入居するつもりだった予定者が入居できなくなったり、補助金を取得する予定であった場合には、開業予定を守れないことで給付条件を満たせない場合が出てきます。

　また、建物の整備内容としても追加の設備や工事が発生する場合があります。追加工事が発生するということは、お金も余計にかかるということなので、想定していた事業収支を悪化させる可能性があります。こうなってから慌てても、すぐに対応できる専門家を見つけることは容易ではありません。

　結果的にA社の場合は、金銭的な損害はほとんどありませんでしたが、開業日が1年以上遅れてしまいました。本来もっと早く開業できていれば得られるはずの収入が得られなかったので、会社にとってはマイナスです。この物件は本来必要な工事完了時の検査を受けていなかったので、これほど時間がかかっていますが、工事を始める前に相談してくれていれば、いろいろと対応策も考えられたはずでした。

　また、テナントとして入居する場合には、建物オーナーとの折衝が必ず生じます。建物に不具合があった場合の是正をどちらが負担するのか。一テナントの都合で、「建物の法律」に適合させるために建物の形を変えることを許容してもらえるのか？　そういった交渉が必ずといっていいほど出てくるのです。

▌事前に知っておきたい建物と法律の関係

　そもそも、私たちがこのような仕事を始めたきっかけは、まずは「建物の法律」に関してきちんと環境を整備することを始めようとしたからでした。私たちはもともと建築設計事務所として業務をスタートしましたが、サブプライム問題が起き、その後リーマンショックへと発展していった建築不況の時期で、小さな仕事でも、私たちにとっては本当に大切な仕事でした。それが、建物の法律の不備がもとでオーナーとテナントが決裂し、結果、設計の仕事を失うことが多くありました。そこで、「建物の法律」が原因で仕事を失うのなら、その根本原因をきちんと調べてみようと考えたのです。その結果、冒頭で述べたような相談がひっきりなしに来るようになりました。

▌開業時期を遅らせない、無駄なコストを発生させないために

　私たちは、さまざまな事業者からご依頼を受けてきました。物件を探している段階から相談してくれる事業者もいれば、もうすでに工事も終わり、オープン直前という段階で相談されてくる方もおられます。専門家に相談されるのであれば、できるだけ早い段階で相談されることをおすすめします。事前に対応策が分かっていれば簡単に済ませられることでも、後から修正するには時間やお金が余計にかかる場合が多いからです。たとえばA社のような高齢者施設にはバリアフリー法の規制がかかりますが、普通のトイレをつくってしまった後に多目的トイレが必要だと分かった場合には、せっかくつくったトイレを壊してつくり直さなければならず、無駄な費用が発生しますし、つくり直しのための期間も必要です。そのため、テナントとして入居する場合には、契約前に専門家と一緒に物件を見ることで、そういったリスクを未然に回避することができるのです。

　また、古い建物の用途変更などの手続きは専門性が高く、既存建物の取扱いに長けた建築士を探すほうが良いと思います。「建物の法律」は、新築で建てることを前提につくられてきたため、既存建物を改修する場合にどう扱うかという部分を読み解くにはさまざまな領域の法律を横断的に理解している必要があるのです。

A 社のその後
—— 全事業所を早期に見直してトラブル予防

　建物の法律の内容を理解した A 社の動きは早く、コンプライアンスを重視して、これまで気づかず開業してしまっている施設を一斉に調査し、手続きを行っていない施設については早急に手続きを行うように対応を進めました。その後は新たな施設を開設する場合には、企画の段階で私たちに相談をしてくれるようになりました。

　私たちが「建物の法律家」として仕事を始めた 2010 年頃は、「用途変更なんて聞いたこともない。本当に必要なのか」という事業者や、「用途変更なんて普通やらないよ。必要ない」という不動産会社やオーナーがほとんどでした。私たちはプロジェクトが始まるたびに、なぜそういった手続きが必要なのか、そういった手続きをしないとどうなるのか、といった説明を繰り返し行ってきました。時には理解が得られずプロジェクトが中止になったり、テナントとオーナーがもめる原因になったりしました。

　しかし、企業による不祥事が相次ぎ、ブラック企業といった言葉も盛んに謳われ始め、企業コンプライアンスが重視されるようになってきました。こういった流れから、「建物の法律」に関しても正しい手続きを行うように求められることが多くなってきました。

　その一方で、少子高齢化や、空き家問題によって、高度経済成長期のスクラップアンドビルド注2型の開発をすることが限界を迎え、既存の建物を再利用して活用する、リノベーションという考え方が生まれてきました。

　ところが、過去にできた建物には「建物の法律」に関する手続きが正しく行われていないものも多く、それ以降の手続きを行うことが難しい実情があります。建物を新築して事業を行う場合には問題にならなかったようなことが、既存の建物を利用する場合には起こり得ます。

　事業者の立場からすれば、建物にかける金額は事業の投資額の中でも最も高額である場合が多く、失敗できないものだと思います。しかし、「建物の法律」に触れる機会が少なく、いざ自分が建物で事業を行おうとする際には何から手をつけていいのか分からない、という状況も少なくないようです。また、A 社

のように、行政から言われて初めて自分たちが正しい手続きを経ていなかったことに気がつく、という場合もあります。

　この本では、既存建物を活用して事業を始めようとしたときに、実際に起こるまでなかなか知ることのできない共通の悩みをお見せすることで、現在問題に直面している方や、これから事業を進める上でどういった点が問題になるのかあらかじめ知っておきたいという事業者の方が、より良い計画を進めるための一助となればと考えています。

▌この本の読み方 ── 予防のためのチェックポイントを知って備える

　最後に、この本の構成をご説明します。

　第Ⅰ部では、建物を扱う事業者として、建築の専門家でなくても最低限知っておかなければならない「建物の法律」に関する解説と、なぜこのように建物に関する問題が多発しているのか、という点を解説します。私たちが「建物の法律」に関する仕事を進めてみると、実は規制をすべて満たした建物がほとんどない、ということが分かってきました。

　次に第Ⅱ部では、私たちが実際に建物を適法な形で再生する上で行っている５つの重要な基本ステップについて解説していきます。「建物の法律」の内容を見ていくと、そもそもこの建物で「a」という用途の事業はできない、あるいはこの地域で「b」という用途の事業所はつくってはいけない、という場合があります。自社の事業ができない、という最悪の事態を回避したり、事業を行うには非常に高額な費用がかかる建物を見分ける方法を解説していきます。

　第Ⅲ部からは、これらの基本ステップに基づき、

　1. 居住用施設

　2. 福祉系施設

　3. 商業系施設（店舗、オフィス等）、宿泊施設、工場等

と大きく３つに用途を区分し、実際に私たちが行った改修工事の事例をもとに

注2：特に建築業界では、必要な建物をつくっては壊し、どんどん新築、解体を繰り返す開発の仕方のことをいう。リサイクルや持続可能型社会といった考え方の対局として、批判的に語られることが多い。

「建物の法律」がどのように計画に影響するのかを解説していきます。

「建物の法律」などまったく理解がない、という方は第Ⅰ部から順に読み進んでいただければと思います。逆に長年建築の事業に携わってきて、ある程度法律や現場のことも分かっている、という方は第Ⅲ部の自社の用途に近い事例のものから読み始めていただいても構いません。各事例の冒頭にある「事業データ」の各項目は、ご自身の事業に関わる建物でもあらかじめチェックしておくと良いものです。

また、各事例のキーワードを「タグ」として事例タイトルの下に示しています。今直面している、または気になっているキーワードを探して拾い読みしていただくのも良いでしょう。

「建物の法律」は非常に複雑で、理解をするのに時間がかかります。でも、複雑だからこそ、深く考えれば何かしらの解決策が見つかるものです。この本の事例から、ご自身の事業にとって何か1つでもヒントになるものを見つけてもらえればと思います。

※本書記載の事例についての行政判断はあくまでそれぞれ該当事例に対するものであり、他の事例でも同様の判断が出されるということを保証するものではありません。行政によって解釈が変わることもあり得ますので、ご留意ください。

※本書の法令解説は、初版第4刷において2020年4月時点の内容を反映、更新しました。

目次

はじめに ── 「建物の法律」の壁にぶつかる事業者たち   *3*

第Ⅰ部　事業者も知らないと損をする！改修・活用のための「建物の法律」   *15*

第Ⅱ部　既存建物を活用するための5つの基本ステップ   *25*

STEP1　自社の事業における建物の位置づけを確認する *26*

STEP2　地域の規制を確認する ── 敷地がどこにあるかでできることが変わる *28*

STEP3　既存建物の状況を確認する *32*

STEP4　QCD のバランスを確認する *38*

STEP5　改修のプランニングの方針を立てる *41*

その他計画を進める前にやっておくべきこと *42*

第Ⅲ部　事例編   *45*

第1章　居住用施設への改修 ── シェアハウス、ゲストハウス、店舗付き住宅等   *46*

事例 1-1　同じ「居住用」のつもりが…。用途変更の確認申請の基本   *48*
[戸建て住宅 → シェアハウス]

STEP1　建物をどうしたいか ── 空き家になった実家を賃貸で運用したい *49*

STEP2　地域の規制の確認 ── 住居系の建物が建てられるエリアか？ *50*

STEP3　既存建物の状況を確認 ── 法適合状況を調べる *51*

STEP4〜5　プランニング *55*

まとめ ── 使われ方が変わると法規制も変わる。用途を変える場合は住宅でも要注意 *65*

事例 1-2 賃貸事業用に購入したゲストハウスが違法建築だった! 　　67
[店舗付き住宅 → ゲストハウス]

STEP1　建物の問題点を把握する —— 査察はある日突然やってくる　68
STEP2　地域の規制の確認 —— 用途規制への抵触はないか　70
STEP3　建物の状況の確認 —— 資料調査、現地調査で指摘を1つずつ確認　71
STEP4〜5　適切なコストバランスの是正計画を探る　77
まとめ —— 簡単な工事のつもりが、簡単に違反建築物に　80

番外編 1 木造3階建て住宅の改修 [戸建て住宅 → 店舗付き住宅]　　82

第2章 福祉系施設への改修
—— 保育園、老人福祉施設、障害者支援施設等　　90

事例 2-1 さまざまな規制を乗り越えて、保育施設を開業する　　93
[宝石店 → 保育園]

STEP1　事業の背景 —— 保育施設の開業にはさまざまな規制が…　94
STEP2　地域の規制を確認する　96
STEP3　物件の内見開始 —— しかしさまざまな条件から物件選びは難航…　97
STEP4　保育施設はQCDのうち特にC（補助金）とD（スケジュール）の確認を!　99
STEP5　プランニングは法的要件の整理から　101
まとめ —— 長い目で収支を考え、規制や条件をクリアしよう　106

コラム1　保育施設の「建物の法律」3つのポイント　　108

事例 2-2 検査済証を取っていない物件の用途変更
—— 協議と調査を積み重ねてクリアする　116
[物販店舗 → デイサービス]

STEP1　事業の背景 —— 介護保険法の改正と行政の権限移譲　117
STEP2　地域の規制の確認　120
STEP3　建物の状況把握　122
まとめ —— 既存不適格の証明に合わせて、利害関係者が納得いく枠組みを調整する　131

番外編 2 確認申請不要な規模の用途変更 [オフィスビルの一室 → 福祉施設]　　132

第3章	商業系、宿泊施設、工場等への大規模な改修	146
	── オフィス、店舗、ホテル等	

事例 3-1 **融資は受けられる?コストを抑えた違法増築物件の是正計画** *149*

[違法状態の事務所 → 適法状態の事務所]

STEP1 事業の背景 ── 市価より安い違法物件を事業用に購入して運用したい *150*

STEP2 地域の規制を確認する *151*

STEP3 現況調査により違反の状況を正確に把握する *152*

STEP4~5 QCD を考えたプランニングを作成し、見積りをとる *159*

まとめ ── 法規の丁寧な検討でコストを抑え、資産価値も大幅アップ *162*

コラム 2 不動産取引や賃貸借契約の前に注意すべき、利害者間の調整 *163*

事例 3-2 **旧耐震の建物でもここまでできる!**
構造も大規模にリノベーションしたビール工場 *168*

[研修所 → ビール工場]

STEP1 プロジェクトの背景 ── 生産量増加に伴う工場拡張の必要性から、自社工場の取得へ *169*

STEP2 地域の規制を確認 ── 工場設置に関わるさまざまな法規の調査 *170*

STEP3~5 調査／予算／スケジュール／プランニングまでをトータルで検討 *173*

まとめ ── 中小企業にとっての建築事業とは? *184*

事例 3-3 **法規をクリアしながら事業性を最大化する** *186*

[オフィスビル → ホテル]

STEP1 マンションデヴェロッパーのホテル事業への挑戦 *187*

STEP2 地域の規制を確認する *189*

STEP3 既存建物の状態を確認 *190*

STEP4 計画の成否を左右しかねない、宿泊施設に必要な設備 *192*

STEP5 プランニング *195*

まとめ ── 客室の効率を最大化できるよう丁寧に法規を検証する *204*

ツールボックス　　205

01　防火区画 ― 壁／ 02　防火区画 ― 防火設備／ 03　防火区画 ― 貫通処理／
04　消火設備／ 05　耐火被覆／ 06　杭地業／ 07　サッシ改修工法／ 08　基礎補強／
09　超音波鉄筋探査機

おわりに　*212*

索引　*214*

第 I 部

事業者も知らないと損をする！改修・活用のための「建物の法律」

▌自社のビジネスに合う既存建物を見つけるために

どのような立場の事業者であっても、ビジネスを行うための場所が必要です。大きな会社であれば、自社ビルを建てたり、自社で開発して店舗を建てたりすることができるかもしれませんが、中小企業がビジネスをする場合には多くの場合テナントとして施設を借り、改修をすることになります。

既存建物をうまく活用すれば、コストやスケジュールの面で新築よりも手軽・有利な場合が多く、また、空き家問題や少子高齢化などにより「リノベーション」は社会的にも注目されています。古い建物を魅力的なスペースに変えてビジネスを行うことに興味をお持ちの方も多いはずです。

しかしここで、既存建物をビジネスで利用するにあたってよく認識しておいていただきたいことは、とても当たり前のことですが、「建物は新築時の用途に最適化するようにつくられている」ということです。

中小規模のビルを建てるオーナーは、テナントに貸すことを前提で建物をつくっています。しかし、5年、10年と時間が経てば、テナントも入れ替わり、空きテナントも出てきます。事業者がビジネスを始める場所を探しているタイミングで空きテナントがあればそこに入居することになりますが、その場所はその企業のビジネスのためにつくられた場所ではないのです。そのため、入居するにあたって何らかの不都合が生じることがよくあります。

たとえばこんな事業者がおられました。

金属加工製品をつくる製造業の事業者で、今使っている工場が手狭になったので、新しい工場として使える物件を探していました。ある物件を仲介業者に紹介され、内見に行ってみたものの、「何かしっくりこない。だけど、とりあえずプランニングだけしてみてほしい」と私たちに依頼をしてこられました。

今の工場には、1000万円以上する高価な最新の機械や、逆にもう製造されていない古い機械など、この工場には欠かせないものがいくつもありました。これらの機械を新しい工場のプランにレイアウトしてもうまくいかないのです。なぜうまくいかないのか理由を考えてみたところ、新しい工場の建物は既存の建物と比べ間口が広く、正方形に近いプランであったため、機械の配置上どうしても無駄なスペースができてしまい、作業スペースや機械の配置がうまくい

16 　第Ⅰ部　事業者も知らないと損をする！改修・活用のための「建物の法律」

かないのです。このご説明をしたところ自分の違和感の正体に納得されたそう
で、この物件を借りることは見送ることになりました。ご自身の業務に真摯に
向き合われている事業者の方は、意識しなくても体感として建物や事業のスケ
ール感を持っておられます。その感覚に照らして、建物のことで違和感を持っ
たら、専門家に相談されることをおすすめします。

　このケースは元が工場であったため、建築基準法上の用途変更は発生せず、
確認申請 ➡ p.4 の手続きも必要のない建物でしたが、元の事業者と今回の事業
者の業態が違い、建物の形状的に合わなかったせいで、新たな事業者の工場と
しては利用できませんでした。

　建物の用途が変わる場合や、手続きが必要な場合は、この事例よりもさらに
多くのことを検討していく必要があります。そして、さまざまな状況から、事
業を進めていくか、継続を断念するかを決断しなければならない局面が訪れま
す。第Ⅲ部でご紹介する事例では、さまざまな業態の事業者の方の「決断の時」
をご覧いただければと思います。

▍事業者も「建物の法律」を知ることがリスク回避になる

　この本を手に取られた事業者の方の中には、「建物の法律」など専門家に任せ
ておけば良い、あるいは自分たちは知らなくても良いと思っている方も多いと
思います。事業者の方にとって建物とは、適法につくられていることが前提で、
普段は適法かどうかは意識しないものだと思います。

　しかし、「はじめに」で述べたＡ社のように、施設の認可を申請する段階に
なって初めて用途変更の確認申請が必要だと聞き、認可申請が進められなくな
ることもあります。「建物の法律」という、普段事業者が触れる機会のない別の
規制から「待った」がかかるのです。

　また、長崎県で2013年に火災で多くの死者を出したある高齢者施設は、介護
保険法による認可は受けていたものの、建築基準法違反や消防法違反をしてい
たことが死者が増えた原因とされています。

　2015年に起きた川崎市の簡易宿泊所の火災では、当初木造2階建てで建築さ
れた建物が、建築基準法に違反する3階建てに改修されていました。消防によ

17

る立ち入り検査では、消防法上の規制は満たしていたため、消防局から市役所の建築担当に違反があることが伝わっていませんでした。この火災でも多くの死者が出てしまいました。

　現在これらの火災による反省、検証が進められ、行政間の情報伝達不足や担当部局の建築に関する知識不足によって多くの死傷者を出したことから、各部局が連携を深め、情報共有を密に行うようになってきました。それに加え、その施設の開業に関わる法律の違反以外の、たとえば建築基準法違反や消防法違反があった際には業務停止命令が出されたり、業務上過失致死容疑によって代表者が逮捕されるような事案も出てきています。

　事業者にとって「建物の法律」とは、知らなかったでは済まされない大変重要なものとなってきているのです。

▌世の中にあふれる違反建築物

　しかし、違反建築物なんて、そうたくさんはないはずで、普通に注意していればそれほど問題になることなどないとお考えの方も多いかと思います。しかし、非常にショッキングな事実をお伝えしなければなりません。世の中にある建物のほとんどは何かしらの違反を抱えているのです。

　建物を建てるための工事を行うには、ほとんどの場合確認申請の審査を受け、その計画が適切であると認められた証拠となる確認済証の交付を受けなければいけません。

　図1は国土交通省の調査による、完了検査率[注1]の推移のグラフです。完了検査[注2]とは、これも確認申請と同様に建築基準法で定められた手続きのことで、一定規模、用途の建物は、原則竣工後に完了検査を受け、計画時の確認申請で審査された内容に適合しているかどうかという検査に合格したことを示す「検査済証」という書類が交付された後でなければ使用してはいけないことになっています。

　この調査によれば、1998年の完了検査率はわずか38％しかありません。この取得率は規模の大きさに比例していて、住宅等の小規模な物件は、私たちの体感ではもっと低く、30％を割っているのではないかと思います。また、図1に

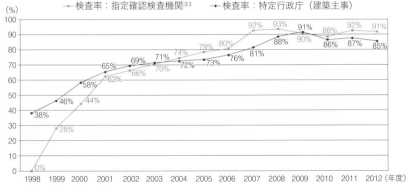

図1 完了検査取得率の推移 (出典:国土交通省「検査済証のない建築物に係る指定確認検査機関等を活用した建築基準法適合状況調査のためのガイドライン」)

示される以前の1990年前後の物件となると完了検査を受けている物件に遭遇することすらまれという状況です。

実はこの調査結果の出典は、国土交通省の「検査済証のない建築物に係る指定確認検査機関等を活用した建築基準法適合状況調査のためのガイドライン」という、検査済証のない建物で、改修工事の確認申請を行うための手続きの指針を示したものです。このガイドラインが出るまでは検査済証のない建物の確認申請の手続きは行政によって扱いが異なり、まったく申請を受け付けないという行政もあったほどでした。

現在では大きく改善されていますが、当時はなぜこのような事態になっていたのでしょうか。それには2つ大きな理由があると思います。

1つは当時は検査を受けなくてもデメリットがほとんどなかった、もちろん長い目で見ればデメリットはあるものの、すぐには感じられなかったことです。

もう1つは施工中の変更等があった場合に変更の申請等が必要になり、それ

注1:完了検査率=当該年度における検査済証交付件数/当該年度における確認件数
注2:建築基準法第7条の6に「建築主は、(中略)検査済証の交付を受けた後でなければ(中略)建築物(中略)を使用し、又は使用させてはならない」とあります。
注3:確認申請、完了検査の手続きは1999年に、国や都道府県から指定された「指定確認検査機関」という民間の機関に一部開放されました。図1のグラフが1999年以降2つになるのはそのためです。

らを行うと費用が余分にかかったりスケジュールに遅れが生じる場合があったことです。

1つ目の理由をもう少し詳しく説明すると、現在では、検査済証を取っていないと、住宅ローンのような小規模なものでも金融機関の融資が下りなくなってきたため、ほとんどの物件で検査を受けるようになりましたが、逆に当時は検査済証がなくても融資がすべて受けられ、検査を受けなくても「検査済証がない」ということ以外、何の支障もなく建物が使えていたため、デメリットを感じられなかったのであろうと推測されます。

もちろん、建築主にとって「検査を受けない」ということは法令違反の抑止につながらず、手抜き工事や違反工事が行われがちになるデメリットはあるのですが、目に見えて不具合がなければ顕在化しにくいため、気づいてこなかったのです。

もう1つの理由ですが、工事中に設計時に想定されていなかった不測の事態が起こった場合や、建築主の要望で、確認申請の内容から変更する場合があります。この時、変更する内容にもよりますが、本来は計画変更申請という確認申請の変更を行う旨の手続きを行い、変更した内容が改めて法律に適合していることを確認してからでなければ変更工事に入ることができません。しかし、この申請には費用がかかることもあり、また、この変更の申請が受理された後でなければ変更後の工事に進めないため、コストやスケジュールを優先してこの手続きを怠り、結果、確認申請と違った建物（場合によっては違反建築物）ができ上がっているため、検査が受けられない、ということがよく起こっていたようです。そしてそのような実態が当たり前になっていたため、よく知識のない工事業者等は、検査が必要だということも知らないで工事をしていた状況があるようです。

ところが、この検査を受けていない建物は、以降の増改築や用途変更といった申請が非常にやりにくくなります。検査済証を取らないことが当たり前だった時期に、存在しないと思われていたデメリットが、空き家問題が顕在化してきたり、リノベーションといった新しい動きが出てきて、いざ既存ストック活用を進めようとしたときに顕在化してしまったのです。

既存建物で事業を行おうとする場合、注意して選ばなければほとんど検査を受けていない、法的な適合性の保証のない建物であり、運が悪いと違反建築物を選んでしまうという実態があります。認可等が必要な事業は、検査済証のない物件で開業しようとしても適法性の担保がないために、それだけで認可が受けられなかったり、用途変更ができなかったりします。また、コンプライアンスを重視する大手銀行では売買の際に融資がつかないこともあり、事業に建物を使う上での大きな足かせになっています。

▌既存建物活用のメリットを見極める力

　それではどうすればうまく事業として既存建物を扱っていけるのでしょうか。それには、適正な状態に改修して利用するにはどのような工事が必要で、どの程度の費用と期間がかかり、それが建て替えた場合のコスト（費用だけでなく、人的コストやスケジュールも含めたコスト）よりもメリットがあるかどうかを見極めることが必要です。そのメリットがあれば、社会的にも注目され、意義のある「リノベーション」ですから、ぜひ改修して利用していけば良いのです。

　融資がつかないのなら、融資がつくような形に改修することも可能です。改修した場合の費用を算出して、そのコストをかけても融資をつけたほうが建物の資産価値が上がるのであれば改修工事をする、という選択肢を持てることが重要なのです。

　そのためには、建物を見る目を養う必要があります。「建物を見る目」といっても、私たち専門家のように、法的に詳細な内容を知る必要はありません。しかし、専門家がどういったことを見ているのか、あるいはどういったプロセスで改修をしていくのか、ということをざっくりとでもいいので把握しておく必要があります。

　何が可能で何が不可能なのか。何にお金がかかり、何に時間がかかるのか。その原因は何に起因しているのかを専門家に聞く力。そしてそれを理解して、自社内に共有する力を身につけることが重要なのです。そして、適切なプロセスで進められていないと感じた場合に、その違和感を専門家に伝える方法も学んでおく必要があります。

▌既存建物をビジネスとして扱うアプローチ

　では、具体的にどういったことを見ていけばいいのでしょうか。既存建物を改修して事業を進める場合には、新築とは少し違ったアプローチが必要になる場合があります。

　この本では、第Ⅱ部で、「既存の建物を活用するための5つの基本ステップ」として、下記のような進め方を提案し、詳しく解説しています。

　1. 自社の事業における建物の位置づけを確認する

　2. 地域の規制を確認する

　3. 既存建物の状況を確認する

　4. QCD（品質・コスト・スケジュール）のバランスを確認する

　5. 改修のプランニングの方針を立てる

　このプロセスの各段階ごとに建築士などの専門家に相談したり、行政の判断を確認しに行ったりする必要があります。

　そのほかの重要な点として、行政の動きを注視していく必要があります。建物は社会と密接に結びついたものであるため、建物の法律は大きな地震や火災、または事件があった時に改正されます。近年では阪神大震災、東日本大震災や耐震偽装事件の後に建築基準法が大きく変わり、一連の高齢者施設、介護施設の火災の後には消防法が大きく改正されました。また、待機児童問題等、保育園不足の問題が国会で取り上げられた後は、バリアフリー法の取扱い基準等が改正されています。その一方で、経済が順調な時期や、新たな業態が生まれてきた際には行政はそれを政策的に後押ししようとします。近年だと民泊新法などの規制緩和がそうです。

　2014年7月には、前述のようにとうとう検査済証を取っていない物件を改修・活用するための、調査方法のガイドラインが発表されました。それまで、検査済証を取ることは法で定められた手続きなので、それをしていない建物については存在しないかのように扱われ、ずっと改修・活用が難しいままになっていました。しかし、このガイドラインで国もやっとこの問題に対して一定の基準を設けることにしたのです。

　空き家問題（図2）や少子高齢化問題は、いずれ大きな問題となり、近い将

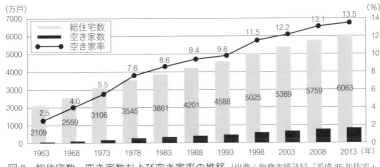

図2　総住宅数、空き家数および空き家率の推移（出典：総務省統計局「平成25年住宅・土地統計調査結果」）

来都市部でも建物やスペースが余り始めることが明白な以上、国としては既存建物の改修・活用を後押ししていくことは明らかなので、実際の建物にどう法律の枠組みを落とし込んでいこうとしているのかをよく見ていく必要があります。

　加えて、建物を見る目を具体的に養うには、事例を見ていくことが一番です。この本では残念ながら実現に至らなかったものも含め、第Ⅲ部で事例を紹介していきます。冒頭で述べたように、既存の建物は元の用途に対して最適化されており、新たなビジネスとして想定している用途と異なる場合に、うまくその齟齬を埋めることができないと事業につまづくことが多くなります。他者のつまづきの石を見ることで、事前に想定されるリスクを見出すことができるのではないかと考えています。

第 II 部

既存建物を
活用するための
5つの基本ステップ

この部では、事業者の方々が既存の建物を利用して事業を行うために、どの用途・業態にも共通するアプローチを解説していきます。

この5つのステップは、私たちが既存建物の改修・活用について問い合わせを受けたときに必ず確認する事項で、第Ⅲ部の事例も基本的にこのステップをベースに検討を進めていきます。

「何から手をつけたらいいか分からない」という大多数の事業者の方の、暗中模索状態の改修案件に、まず道筋を示すことができればと思います。

STEP 1 自社の事業における建物の位置づけを確認する

▌現状の建物が抱える問題点は何か？

まず一番最初のステップで、かつ最も大切なことは、自社の事業において、事業を行っている建物が抱えている問題点（ボトルネック）を整理することです。この点は、これから新たに事業を始める方も同様に考える必要があります。新たに始めようとしている事業で建物をどう使えば良いのかを、想像力を働かせて考えておく必要があります。

「自社の事業のことは、自社の人間が一番分かっている」などと思わず、まず自社の問題点が、建物のどこに起因しているのかを、仮説でも良いので考えてみてください。私たちがここで重要視しているのは、「建物のどこに起因しているのか」という点です。

たとえば、「社内の部署間のコミュニケーションが円滑にいかない」という問題点があるとします。この問題の原因が建物の構成に由来しているのではないか？　と仮説を立ててみるのです。事業者の方は、社内で起こる問題点はソフトに起因するものだと考え、建物に問題があるとは普通考えません。そこで、意図的に建物のほうにまで考え方を拡張する必要があります。

ここで、「社内の部署間のコミュニケーションが円滑にいかない」会社の例として、こんな事例を考えてみます。

各階95m² [注1]の執務空間がある小規模オフィスビルの2階から6階まで、5フロア借りている会社があるとします。このような建物で、一定規模のオフィ

スを借りようとすると、階をまたぐ必要が出てきます。この会社は5つの主要な部署があったため、各階にそれぞれの部署を割り当てました。各部署の人数も10人程度と大体均等に分かれていたので、各フロアにそれぞれの部署が入ることが合理的だと考えられます。10人で95m²であれば、1人当たりの面積は約9.5m²なので大体適切です。

しかし、部署間のコミュニケーションという観点から考えるとこの配置は最悪です。同部署間は資料や価値観もある程度共有しているので、コミュニケーションコストは最小で済みます。しかし、違う部署とのコミュニケーションを行うには資料も共有されていない場合が多く、他部署の人間と話をするためには一度プリントアウトをしたり、書類棚に置かれた重いファイルを持って動かなければならなくなります。また、最も厄介なのが、一度エレベーターか階段でフロアを移動しないと話ができないことです。これは通常コミュニケーションを取ろうとする人にとって、大きなストレスになります。

こういった問題が生じた時には、クラウド上でファイル共有するソフトを導入したり、メールによる部署間の情報共有方法を見直したりといったITを利用した措置を考えがちになります。

しかし、モニタや資料を見ながら実際に話をしたほうがそれよりスムーズなのは間違いないですし、「ああ、エレベータに乗るの面倒くさいな…」という気持ちを取り除くことのほうがよりシンプルな解決策のはずです。ところが、いざその立場になると、自分たちが仕事をしているスペースというのは与条件のように思えてしまい、抜本的な解決策を考える時にも建物のほうを変えるという発想にはなかなかなりません。しかし、吹抜けと階段をつくったり、天井高のあるスペースにロフトを設けたりして、コミュニケーションの問題を改善したオフィス等の事例もあり、建物を改善することがコミュニケーションの改善に大きく寄与することは間違いありません。

自社の建物の問題点は、今事業を行っている場所だけの話ではありません。

注1：小規模の雑居ビルだと避難階段の緩和が受けられるように、ワンフロアの居室面積を100m²以下に抑えていることがよくあります。

たとえば、「はじめに」でご紹介した高齢者用のデイサービス事業を行う会社は、積極的に事業所を拡大していきたいと考え、テナントとして入居できる物件を探していましたが、用途変更の確認申請を行うことが可能な、法規制に適合する物件がなかなか見つからない、という悩みを抱えていました。

あるいは建物のオーナーや管理会社の立場として、保有物件の適法性が分からず、コンプライアンスを重視するテナントに貸すことができない、という悩みを持っている事業者の方もおられます。

いずれにしても、なぜ用途変更ができる建物が少ないのか、なぜテナントに貸すことができないのか、建物の法律の内容について、時には建築士等の専門家を使って今ある問題点の整理を行うことが重要です。そうしないと次にご紹介するステップ以降の内容で、問題点が明確にならず、プロジェクトが迷走する可能性があります。自社内でこれらの問題点を話しあって、自分たちなりの建物の問題点を考えてみるようにしてください。「自社内で建物のことを考えた」という事実が以降のステップをスムーズに進めるための原動力になります。

自社の問題点を考えた時に、「部署間のコミュニケーションが円滑にいかない」原因が建物の構成にあるという結論になれば、他の物件に移ることも考える必要があります。

その他にも新たに事業所を開設する場合や、会社が成長し、社員が増えて手狭になってきたなど、新しい物件を探す場面は多々あると思います。その際に、次のステップ2をよく確認しておく必要があります。

STEP 2 地域の規制を確認する
── 敷地がどこにあるかでできることが変わる

▍敷地にかかる規制を調べる

自社の問題点が整理でき、新たな事業を行う場所を決めた場合には、まずその地域が、新たな事業の用途の施設をつくることができるエリアか確認する必要があります。プロジェクトの規模を問わず、また、新築か、改修かを問わず、まずは地域の規制を確認する必要があります。

地域の規制の主なものとしては、都市計画による用途地域、地区計画（表1）、

28　第Ⅱ部　既存建物を活用するための5つの基本ステップ

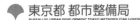

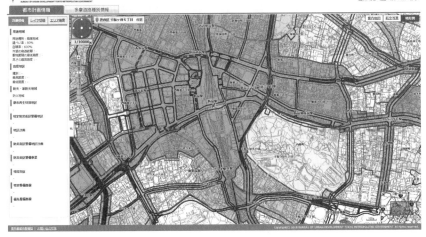

図1　東京都の都市計画情報等インターネット提供サービスのページ。住所を入力したり、地図上で位置を指定すると、その敷地内の都市計画の概要を見ることができる。行政によっては前面道路の種別や幅員等も見ることができる場合もある（出典：東京都都市整備局「都市計画情報等インターネット提供サービス」http://www2.wagamachi-guide.com/tokyo_tokeizu/、2018年6月20日閲覧）

表1　地区計画の例（東京都の台場地区）

地区の区分	地区の名称	台場1区域I街区	台場1区域J街区	台場1区域K街区
	地区の面積	約1.7ha	約1.4ha	約4.9ha
建築物の用途の制限		次の各号に掲げる用途の建築物（風俗営業等の規制及び業務の適正化等に関する法律第2条第6項各号に掲げる店舗型性風俗特殊営業の用に供するものを除く）以外の建築物は建築してはならない。 1　共同住宅 2　店舗または飲食店 3　前各号の建築物に附属するもの	次の各号に掲げる用途の建築物以外の建築物は建築してはならない。 1　幼稚園、小学校、中学校 2　前号の建築物に附属（住機能を含む）するもの	次の各号に掲げる用途の建築物（風俗営業等の規制及び業務の適正化等に関する法律第2条第6項各号に掲げる店舗型性風俗特殊営業の用に供するものを除く）以外の建築物は建築してはならない。 1　共同住宅 2　店舗または飲食店 3　公園施設 4　前各号の建築物に附属するもの
建築物の容積率の最高限度		10分の57	10分の15	10分の43
建築物の敷地面積の最低限度		1.3ha	0.8ha	2.3ha ただし、近隣公園の部分を除く

※地区計画：都市計画法に定められた、住民と市区町村の合意にもとづき地区の目指すべき姿を都市計画に定め、規制や規制緩和によりまちづくりを誘導するための計画のこと。街区によって建てられる用途の制限が違う。

建築協定等があります。いずれも建物の用途に対して規制をかける内容で、この規制で制限される用途の建物は原則建てること（あるいは用途変更すること）ができません。たとえば「住居専用地域注2」と呼ばれる良好な住宅地として整備することを目的につくられた用途地域では、商業系や工業系の用途の建物は規模や階数が制限されます。また、逆に産業振興地域等で商業系の用途を積極的に誘致しているエリアでは、住居系や福祉系の用途が禁止されていたり、面積の割合が制限されていることがあります。

　これらの地域の規制は、インターネットでも見ることができる場合があります。東京都の「都市計画情報等インターネット共有サービス」（図1）や横浜市の「i-マッピー」注3等がそうです。これらはオフィスにいながら手軽に都市計画情報を調べることができます。しかし、行政によってはこれらのサービスに掲載されている情報が少なかったり、先に述べた産業振興地域のような詳細な規制は掲載されていない場合があるので、念のためその地方の行政の都市計画

課等に確認をしておくことが重要です。

　用途の規制が大きく影響した事例として、このようなものがありました。ある福祉施設の事業者が厚木市にあるオフィスの物件を障害者支援施設に利用できないか、と私たちにご相談してくれました。

　障害者支援施設は福祉系の用途であるため、工業専用地域以外の用途地域では規制を受けません。このオフィスのあった敷地の用途地域は準工業地域でしたので、用途地域の規制だけなら、障害者支援施設の開設に通常制限はありません。ところが、このエリアは厚木市の「特別業務地区」というエリアに指定された地域でした。特別業務地区とは、厚木市のホームページ[注4]によると「流通関連施設の集約化を目的」としたエリアで、「土地利用の効率化及び適正化を図ることを目的とする」エリアとのことです。そのため、通常どの用途地域でもつくることが可能な住宅や学校、福祉系の施設もすべて建築が制限されているエリアでした。したがって、障害者支援施設もつくることができませんでした。

　物件自体は事業者の社長も実際に内見され、道幅の広い国道に面しているため、非常に日当たりが良い恵まれた物件とのことでした。賃貸借契約を結ぶ直前で私たちがこの内容をお伝えしたため、残念そうでしたが、契約前にこの事実に気づいて良かったと感謝していただけました。

　このまま気づかずにプロジェクトを進め、いざ確認申請を出そうという段階になってこのことに気づくような事態になっていれば、この事業者がかけるコストは非常に大きくなってしまいます。コストがかかっても事業を行うことができればまだ良いですが、地域の規制に引っかかってしまうと事業自体行うことができないので、プロジェクトを進める前に必ず確認しておく必要があります。

注2：第一種低層住居専用地域、第二種低層住居専用地域、第一種中高層住居専用地域、第二種中高層住居専用地域の4種類があります。住居系、学校系、福祉系（老人福祉施設、保育園、障害者支援施設等）、宗教施設系、診療所、公益施設系（交番等）以外の建物は、規模や階数に制限が設けられています。
　　　なお、用途地域における建物の用途や規模の規制は建築基準法別表第2に記載されています。
注3：http://wwwm.city.yokohama.lg.jp/tokei/（2018年6月20日閲覧）
注4：特別業務地区内の建築制限について｜厚木市（http://www.city.atsugi.kanagawa.jp/machiit/kaihatsu/kankeikitei/tokubetugyoumu/d032312.html、2016年4月1日最終更新、2018年6月20日閲覧）

STEP 3 既存建物の状況を確認する

書類と図面から建物の状態を把握する

検査済証取得の有無の確認

　地域の規制が確認でき、その用途の建物をつくることができるエリアだと分かった後は、既存の建物の状況を確認していきます。

　ステップ1、2の段階もそうですが、特にステップ3からの段階は専門家からアドバイスを受けたり、調査をしてもらったりすることが不可欠です。ただし、自社の建築的な課題をあらかじめ理解し、基本的な準備をしておくことで、専門家とスムーズなやり取りを行うことができ、解決策に広がりが生まれる可能性があります。

　改修の計画を進めるにあたって、事業の成否を左右する大きな内容として、その行為が確認申請の必要な行為かどうかという点があります。申請が必要な行為とは、具体的には「増築」「改築」「大規模の修繕／模様替え ➜ p.85」「一定規模の用途変更 ➜ p.52」の4つです。それぞれがどのような行為かは、第Ⅲ部の事例編で詳しく述べていきますが、申請が必要となった場合、既存の建物が適法である必要があります。改修する部分が適法な計画であっても、改修しない部分に違反があれば、建物全体で見れば違反建築物となってしまうからです。

　また、申請が不要な場合でも、新たに計画する部分は、原則現行法規に遡及適用することが求められます。「遡及」とは法令を、改正時までさかのぼって適用することで、既存の建物が建った後の法改正の内容も適用しなければならない部分があるということです。改修計画の内容によって、どの部分が遡及するのかしっかりと見極める必要があります。

　改修計画の内容が、申請が必要な行為であった場合には、まず調査すべき内容は検査済証の有無です。第Ⅰ部で述べたように検査済証を取得していない建物は数多くあり、それらの建物が申請を伴う工事、たとえば増改築や用途変更を行うためには、こちら（行政ではなく事業者サイド）で竣工当時の建築基準

法に適合していたことを証明する必要があります。この証明には構造躯体の調査も行う必要があり、コストが非常にかかります。

　テナントとして入居する場合、まず建物オーナーに検査済証の有無を確認してみます。オーナーによっては建物の書類を一切残していないという方もいますが、この検査済証の原本がなくてもきちんと検査を受けていることが分かれば問題ありません。検査を受けているかどうかは、「台帳記載（事項）証明書」という書類を見ることで確認することができます。この書類は行政の建築指導課、あるいは建築審査課という確認申請を担当する窓口に行けば発行してもらうことができます。

　台帳記載証明書には、必ず検査済証交付年月日という欄が設けられていて、この欄に日付が記載されていればその日に検査を受けていることになります。

様式2

建築確認申請（計画通知）台帳記載証明書

建築確認申請（計画通知）受付年月日・番号	平成 × 年 × 月 × 日　第　△△△△　号
建築確認申請（適合通知）確認年月日・番号	平成 × 年 × 月 × 日　第　△△△△　号

敷地の地名地番		○○市○区○町 ○○ - ○	
建築主	住所（官庁所在地）	○○市○区○町 ○○ - ○	
	氏名（官　職）	△△△△△	
主要用途		店舗（飲食店）	
工事種別・主たる建築物の構造		新築　　　　○○造	地上 × 階建 地下 ×
敷地面積		×× ㎡	
建築面積・延べ面積		×× ㎡・延べ　　×× ㎡	
検査済証交付年月日		平成 × 年 × 月 × 日	

上記のとおり建築確認申請（計画通知）台帳に記載してある事項と
相違ないことを証明します。

第　××××　号
平成 × 年 × 月 × 日

○○市長 △△△△△

注　この証明は、建築確認がなされた事項を証明しているもので、建築の現況等を証明しているものではありません。

図2　台帳記載証明書。確認申請、完了検査の状況と申請時の面積や規模等の概要が分かる

逆にこの欄が空欄であったり、「検査なし」などと記載されている場合には、完了検査を受けていません。

　検査済証が出ている物件は、竣工後違法な改修を行っていなければこの後の申請行為をスムーズに行えます。「違法な改修」とは、申請手続きを経ずに増築を行ったり、一定規模の用途変更をしていたりする場合です。この場合、違法な手続きの増築部分を撤去するか、用途変更の手続きを行っていない部分は元の用途に戻す等、竣工時の適法な状態に戻す必要がある場合があります。

　検査済証が出ていない場合には、竣工当時の建築基準法に適合していたかを事業者の側で調査する必要があります。これは計画、構造、設備すべての内容について調査しなければならず、かつ現状の法規に適合していない部分が既存不適格 ➡ p.53 なのか、それとも違反建築物なのかを整理していく膨大な作業が必要になります。

　この適法性の証明の仕方は第Ⅲ部の事例 2-2 で解説していきます。

図面の有無の確認

　もう 1 つ建物の初期調査の段階で今後の進め方を大きく左右する事項に、図面の有無があります。新たに申請の必要な行為を行う場合、既存の図面がないと法的にどういう手続きを行ってきた建物なのか把握できません。また、これから工事を行うにあたっての計画図も新たに 1 から描き起こさなければなりません。特に検査済証を取得していない物件の場合は前述のように、こちらで適法性を証明しなければならなくなりますが、たとえば構造図がなかった場合にはすべての柱、梁、床、基礎等の部材を調べなければなりません。特に鉄筋コンクリート（RC）造の場合は中の鉄筋がどうなっているかまで調べなければなりません。現在の調査技術では不可能ではありませんが、下手をすると 1000 万円以上する、非常に費用のかかる調査が必要になります。検査済証もなく、構造図も残っていない場合には、今後プロジェクトを進めることが事実上不可能なほど費用がかかる可能性があると認識しておいてください。

　表 2 に新たに申請をする上で絶対必要な既存図面のリストを掲載したのでご確認ください。専門家に相談する前に、あらかじめこれらの図面を探して揃

表2　調査に最低限必要な図面チェックリスト

	図面名	特に重要な記載事項等
意匠図	設計概要書	敷地面積
	配置図	建物の敷地境界線からの寸法
	平面図	面積求積に必要な壁芯の寸法
	立面図	最高高さ、軒の高さ
	断面図	天井高さ、ピット等の有無、基礎形式
	求積図	延べ面積、容積対象面積の計算根拠
構造図	構造特記仕様書	構造計算の種類
	伏図	各階の柱、梁記号
	軸組図	
	部材リスト	RC造の場合：配筋要領、柱・梁の寸法 鉄骨造の場合：柱・梁の寸法、鋼材種別、溶接方法 木造の場合：柱・梁・土台の寸法、継手金物の種類等 ※4号建築物の場合、構造図はない場合が多い

※設備については更新されている場合も多く、現地確認によります。

えておくとスムーズです。

新耐震基準の建物か？　旧耐震基準の建物か？

　書類の有無の確認後、次に既存建物の利用の仕方に大きく影響をする、新耐震基準の建物か旧耐震基準の建物かを確認します。新耐震基準、旧耐震基準という言葉は聞いたことがある方も多いかもしれませんが、どういった点が違うのでしょうか。

　新耐震基準とは、1981年の建築基準法改正時に導入された考え方です。この法改正以降に確認申請の出された建物のことを新耐震基準の建物と言い、それ以前の建物を旧耐震基準の建物といいます。いずれも震度5強以下の地震では、倒壊しないことが義務づけられています。両者の大きな違いは、数百年に1度起こる可能性があると言われている震度6以上の大地震が来た時に、どういう挙動をすべきか、という点です。旧耐震基準の建物では震度5強以下で倒壊しないように設計すればそこで終了です（1次設計）。震度6以上の地震が来たとしても、震度5強以下で倒壊しないのであればそれほど大きな被害は受けないだろう、という建物の冗長性に期待した考え方でした。ところが、建築基準法

ができた 1950 年当時から比べると、建築技術が格段に進歩し、当時では考えられなかったような複雑な形状、たとえば柱同士の間隔が非常に広い建物や、大きな跳ね出し部分を持つ建物などをつくることが可能になってきました。それによって、震度 5 強以下ではビクともしないのに、震度 6 以上の地震では危険な倒壊をするような建物ができてきました。そのため、震度 5 強以下の地震では損傷しないことを検討した上で、さらに震度 6 以上の地震が来た時には、損傷は許容するけれども、倒壊や損壊を起こして人がたくさん亡くなってしまうような、危険な壊れ方をしないように構造設計をすること（2 次設計）が求められるようになりました。この基準を新耐震基準と言います。

　新耐震基準の建物と、旧耐震基準の建物は金融機関の融資を受ける際に評価が異なったり、一定規模以上の建物は耐震診断や耐震改修が義務づけられています。また、行政の認可が必要な施設、たとえば保育所等の児童福祉施設や学校等では、認可基準として、原則新耐震基準の建物である必要があり、旧耐震基準の建物の場合は耐震診断を行って、一定の基準を満たしている必要があります。

▍現地調査により建物の状況を把握する

図面の通りできているか、面積は変わっていないか

　ここまでの書類を確認した限りでは事業を進められそう、ということになれば、いよいよ建物の現地調査を行います。既存の建物の調査では、建物そのものを調査するのはもちろんですが、図面の通りできているか確認することも重要になります。たとえば、私たちは現地に入るとまず敷地の形状と建物の境界線からの距離、建物の間口、奥行き寸法が図面と整合しているかを確認します。

　この寸法が違っている場合には新築の確認申請時と面積が違っている可能性が高くなります。面積が増えている場合には、本来増築の申請手続きが必要になりますが、その手続きを行っていない場合も多く、どこの部分が増えているのかを調査し、次の申請を行う場合には、行政の指導内容にもよりますが、大抵面積を元に戻さなければなりません。申請時の建物に付加する形で増築している場合には、建物本体の形は変わらないので、その増築部分を撤去する等の

36　　第Ⅱ部　既存建物を活用するための 5 つの基本ステップ

図3　敷地境界線と建物の距離を測る

対応が考えられますが、実際の図面より間口や奥行が大きくなっている場合には、本体の形が大きくなっているので、面積を合わせるのが厄介です。検査済証が発行されている、つまり完了検査を通っていても、確認申請時より面積が大きくなっている事例もあり、その場合には誰の責任なのかといった点でもめることが多く、下手をすると検査済証のない物件よりも、話が長引く場合があります。

逆に、法改正や都市計画の変更等で建てられる面積が変わっている場合もあり、現状の建物を見ているだけでは気づかない点もたくさんあります。

面積が違っていた場合の対応方法は、第Ⅲ部第1章・第3章の事例（事例1-1、3-1）で紹介します。

事業者としての建物に対する責任 —— 耐震について

事業として建物を使う以上、事業主には、入居者や利用者の安全性についての責任が伴います。特に2011年の東日本大震災、2016年の熊本地震と大きな震災が続き、耐震性についての利用者のニーズが高まってきています。先に述べたように、福祉系の用途では新耐震基準を満たした建物かどうかという審査基準が設けられていたり、社内基準で旧耐震基準の建物には入居しないという方針の事業者もおられます。

耐震基準の改正以外にも、建築基準法は何回も改正してきており、その建物

表3　現地調査時のチェックリスト

チェックする項目	備考
敷地の大きさ	間口○m×奥行き○m
建物の大きさ	間口○m×奥行き○m×高さ○m
建物の階数	地下○階、地上○階
図面と不整合の増築箇所	あり・なし
図面と不整合の開口部	あり・なし
図面と不整合の構造体	あり・なし
図面上の用途と違う部分	あり・なし
漏水の有無	あり・なし
基礎の割れ、沈下等の有無	あり・なし
基礎以外の躯体の損傷箇所	あり・なし
設備配管、配線等の躯体貫通位置（スケルトン[※5]の場合）	

が新築された時期に応じて適合している法規制が異なります。事業者の立場で
それらをすべて把握する必要はありませんが、建築基準法が成立した1950年、
新耐震基準に変更になった1981年、阪神大震災後に構造計算のプログラムが
認定された2000年、耐震偽装事件後の法改正の2006年といった時期は覚えて
おいたほうが良いと思います。

　私たちも安全性の確認のため、建物調査の初期の段階で構造躯体の劣化の状
況や、それらを引き起こす原因となる漏水や外壁材の破損状況も合わせて調べ
ていきます。これらの項目で不良箇所が見つかった場合には、たとえ適法な建
物であっても改修工事のコストが高くなる場合が多くなります。

　現地調査では上記の面積、構造躯体の劣化、破損や漏水の状況等のほかにも、
必ず見ておくべき内容がいくつかあります。専門家でなくても知っておくほう
が良い現地調査でのチェック項目を表3にリスト化したのでご活用ください。

STEP 4 QCDのバランスを確認する

QCDとは？

　QCDという言葉をご存じでしょうか。製造業やITの分野で特に重視されて
いる価値観で、「Quality（品質）」「Cost（コスト）」「Delivery（納期、スケジュ

ール)」の頭文字を取ったものです。Q、C、D はそれぞれが密接に影響しあった背反事象であることが多いため、それぞれのバランスをうまく調整することが事業を円滑に進める上で非常に重要になります。

また、建物は一品生産のオーダーメイドであるため特に QCD のバランスが大切で、事業主の立場では、設計から施工のそれぞれのフェーズで、今何を最重要項目とすべきかバランスを見ながら調整していく必要があります。また、改修の場合は、仕上げを解体してみたら図面と全然違っていた、といった不測の事態が起こる場合も多く、特にこの QCD のバランスを取ることが難しいとされています。

既存建物の改修工事において QCD のバランスを考える上で、最も影響の大きい内容がやはり検査済証の有無です。検査済証がない場合にはコスト、スケジュールともにかかる場合が多く、計画の見直しが必要な場合もあります。

そのほか、ステップ 3 で述べた図面や書類の有無や、耐震の状況もコスト、スケジュールを考える上で影響の大きい項目となります。

改修工事の場合、どうしても計画の初期段階で全体的な予算を割り出すのは難しいため、少額の費用で済む調査と、その結果についての検討を積み重ね、少しずつ次の段階に進むかどうかの判断をしていく必要があります。

どこまでの工事を行うか、収支のバランスを見て考える

全体の収支とスケジュールのバランスを考える上で重要な内容として、どこまでの範囲で工事を行うかを考える必要があります。新築と違い、改修工事の場合は建物がすでにあるので、使いながら段階的に工事を行ったり、状況を見ながら部分的に工事を行い、問題がなければ全体の改修に着手する、というやり方もあります。たとえばマンション 1 棟をすべて SOHO に変えたいといった大規模な改修なら、1 階部分だけをモデルルーム的に SOHO にしてみて、借り手のつき方や家賃のアップの状況を見ながら、全体の計画に入る、ということもできます。

注 5：建物の構造躯体がむき出しの状態のこと。

ただ、注意しておきたい点としては、足場のような工事のたびに設置、解体が必要なものを用いる工事は一度にまとめて行ったほうが効率が良いです。外壁のタイルやサッシのやり替え工事、シールのやり替え工事等を行う場合に、今回は5階、次は4階といったように階ごとに行うと、そのたびに足場の設置、撤去の費用がかかってしまうため非効率になります。

また、申請の必要な改修で検査済証がなく、法適合調査が必要な場合、耐震診断も合わせて行うとメリットが大きいです。法適合調査を行う場合には構造体の調査をするので仕上げを取って躯体を露出させます。その際に法不適合箇所があれば補強工事等が必要になるので、それに合わせて耐震補強も行うのです。躯体を露出させるような工事は建物の寿命の間にそう何回も行うことではないので、その機会に合わせて構造調査や補強工事を行うことで効率的な予算の使い方ができます。

適切な補強が行われていれば、法定耐用年数を超えていても金融機関の融資を受けられる場合もありますので、短期的な収支だけを見ず、全体最適な計画を立てることが重要です。

助成金取得や認可事業の場合は必要書類等に要注意

また、行政への届出などを伴う場合には、特にC（コスト）、D（納期）の部分のコントロールが難しくなることがよくあります。

たとえば助成金を取得する場合には、必要な書類や、助成の対象となる業態、エリアを先にチェックしておく必要があります。たとえば保育園の事業者の募集は基本的に4月開業となる1次募集から、その選に漏れた2次募集、3次募集と対象となるエリアが小さくなり、スケジュールも変わってきます → p.99 。また、行政から助成金を受けるということは、税金を使うため、公共工事扱いになります。公共工事扱いになるということは、公平性を期すために工事業者を入札で決める必要があり、行政の定めた入札スケジュールに合わせる必要が出てきます。

また、デイサービス等の高齢者施設では、介護保険料の料率や、人員配置は国が定めた基準に従わなくてはなりません。また、入所者1人に対して必要な

面積や諸室が決められています。一方でバリアフリー法等で必要となる設備、たとえばお金のかかる多目的トイレやスロープ等は規模が大きくなってもそれに比例して大きなものが必要になるわけではありません。そのため、小規模の施設ほど建物の面積に対しての改修工事費が必然的に高くなります。施設の規模と、家賃、職員の給料と徴収できる介護保険料等さまざまなコストのバランスを考慮して、最適な施設規模を考える必要があります。

STEP 5 改修のプランニングの方針を立てる

▌改修と新築のプランニングの違い

　ここまでの調査で、建物が十分に使えると分かったら、次はプランニングに入っていきます。

　改修の場合のプランニングの特徴として、古い建物の雰囲気や特徴を活かして魅力的な空間をつくれることもありますが、新築では自由になることが既存建物では難しい場合も多くあります。

　たとえば壁を取って大きな部屋にしたいと思っても、耐力壁[注6]であるために壊せなかったり、用途が変わることで面積の調整が必要になる場合があります。

　また、大規模の修繕／模様替え等の申請の必要な改修工事を行う場合、構造に関する規制が竣工当時の規制のままで良い場合と、現行の基準に合わせる必要がある場合があります。当然後者のほうがコストもスケジュールもかかるので、希望する計画内容とコスト、スケジュールとのバランスを考えてどう進めるかを考えていく必要があります。

　改修の場合、既存の建物があるので、その建物ですべてを完結させようとしてしまいがちです。しかし、業態によっては一部の必要スペースが、既存建物に著しくそぐわない場合もあります。そういった場合はすべてを既存建物で賄おうとせず、その必要なスペースだけ増築することも視野に入れるべきです。一部改修、一部増築という計画は第Ⅲ部の事例 3-2 で解説します。

注6：地震や風による水平荷重（地面に対して水平方向の力）に抵抗する能力を持つ壁のこと。

行政と専門家との協議をチェックしよう

　ここまでの検討の結果、ある程度方針が固まったら、大きな法的不適合や見直しがないか、計画を行政あるいは民間の審査機関に確認しに行きます。

　都市計画や地区計画等ホームページに記載している情報以外に地域の規制がかかるものはないか、検査済証がない場合の手続きのフローや調査はどうすべきか、申請不要な工事を進めようとしている場合、申請の要否についての考え方に齟齬はないか、申請の要否に関わらず、現在の計画に法的な破たんがないか等を、きちんと議事録を取って[注7]積み上げていきます。

　特定の非営利団体（商店会や水利組合等）が強い権限を持っている地域等もあり、その団体との協議が必要な場合もあります。そういったホームページに掲載されていない情報も行政に聞いておく必要があります。

　事業者の立場としては、それらに同行する必要はありませんが、建築士や工事業者が上記のような行政の言質を取ってきているかどうか確認していく必要があります。行政協議に慣れていない建築士や工事業者が図面を書いている場合、いざ確認申請を出そう、あるいは認可を申請しようとした際に、計画が破たんしていたり、必要な手続きが行われていなくて、計画がとん挫する、という事態になりかねません。事業者としてはそれを食い止めるために、きちんとそれらの協議をしているかをチェックしていくことが重要です。そのためにも、ここで挙げたステップ1～5のポイントや、各事例で見る個別の注意点を知っておくことが必要です。

その他計画を進める前にやっておくべきこと

　たとえばテナントとして事業を行う場合であれば、事業所の賃貸借契約、その後設計契約、工事請負契約という流れで契約していきます。これらの契約を結ぶ前に、別途費用がかかってもできるだけステップ1～5の検討は行っておいたほうが良いと思います。「ここでは営業できない」という最悪の事態になるおそれがある物件は未然に排除していかなければ、お金も時間もどんどん無駄になっていきます。

　テナントとしての立場からのリスクは、裏返してみると、オーナーとしての

42　第Ⅱ部　既存建物を活用するための5つの基本ステップ

立場からもリスクとなります。テナントに提供している建物に何かしらの瑕疵があって、損害が発生した場合、損害賠償を請求されるリスクがあるからです。

また、勘違いされている方が多いのですが、確認申請が不要だからといって、どんな工事をしてもいい、ということではありません。自転車を運転するのに運転免許は必要ありませんが、道路交通法違反をした場合には警察に捕まります。自転車で違反して捕まった時に「免許がいらないから」という言い訳が通用しないように、建築基準法には建築主[注8]や所有者の責任が明記されている以上、オーナーとして建物を所有したり、事業者として建物を使って事業を行うならば、そこで万が一事故が起こり、それが建物の法律に違反していることが原因であった場合には、「建築の専門家ではないから」という言い訳は通用しないのです。

建物の工事は、設計者、工事業者、メーカー、職人等さまざまな立場の人たちが一緒になって行います。オーナー、事業者もその一員であることに変わりはなく、そこで何が行われているのかを知らなければ、計画を良いものにすることはできません。計画の当事者であることを自覚し、建物についての自分たちの希望や悩みをうまく専門家[注9]に伝えることが重要なのです。

注7：議事録を取ることは建築士が行うことが多いですが、事業者もきちんと議事録が取られているかチェックする必要があります。

注8：建築基準法では建築工事の発注者のことを「建築主」と定義しています（建築基準法第2条第1項第16号）。

注9：改修に関する法規は新築だけを行っている建築士や工事業者は知らない部分が多かったり、内装だけを行っている工事業者は法規に詳しくない場合も多いです。「はじめに」から述べてきたような内容を話してみて、話がかみ合う業者であれば、改修に関する法規や工事に強い業者である可能性が高いでしょう。

第III部

事例編

第III部では、私たちに相談のあった具体的な事例を通して、
第II部のステップを実際に進める方法を解説していきます。

第1章

居住用施設への改修
―― シェアハウス、ゲストハウス、店舗付き住宅等

　まずは誰でもイメージのしやすい住宅の用途を、シェアハウスやゲストハウスといった、数人の居住者が利用する用途へと改修する、比較的小規模な案件をご紹介していきます。

　住宅は人々の生活に密接で、また検査済証取得率が最も低い用途でもあります。改修事業を概観する上で住宅が最も理解しやすく、基本的なものであると考えられるため、最初に取り上げたいと思います。

　第1章の事例では、今建物の改修・活用の現場でどんなことが問題になっているかをイメージしていただき、それらに対してどういう解決策を取っていくのか、全体像を把握してもらうことを意図しています。さらに、他の用途に転用する場合にどういった手続きが必要なのか、またその手前でどういった調査や検討が必要なのかを見ていきます。

　まず最初にお伝えしたいのは、工事をしなくても使い方や入居者が変わるだけで建物の法律の適用され方が変わり、急に法規制が厳しいものになる場合があるということです。

　戸建て住宅は、総務省や林野庁の統計資料を見ると、8〜9割程度は木造の2階建てとなっています。そのため、大工に頼むだけで改修が可能で、また、2010年頃から広がったDIYブームもあり、一般の方も壁紙や床の張り替え、棚のつけ替え等を行うことが増えてきて、比較的簡単に手を入れやすい用途であ

46　　第Ⅲ部　事例編

るといえます。

　しかし、それだけに、必要な手続きを経ずに用途変更をしてしまいやすい用途でもあります。たとえば自宅のガレージを部屋に改装したり、雑貨を売るお店を始めたり、近所の子どもを預かったり…。

　これらは規模が小さいので、確認申請までは不要かもしれませんが、雑貨屋（物販店舗）や託児所（行政によっては児童福祉施設等扱い）は特殊建築物扱いになるので、避難経路を確保したり、設備を付加設置しなければならない規制もあり、自分では何も工事などしていないつもりなのに、建物の法律に違反している可能性があります。

　また、戸建て住宅であっても1棟まるまる用途を変える場合、規模によっては用途変更の確認申請が必要になる可能性があります。

　ここからは、まず住宅用途から特殊建築物への2つの改修事例を通して、どういった点に注意すべきかを見てください。そして、これらの内容は規模が大きくなった場合や、他の用途の場合でも同じ問題をはらんでいるので、ご自身の事業に当てはまる部分がないか、確認してみてください。

第1章　居住用施設への改修　　47

事例 1-1　　　　　　　　　　　　　　戸建て住宅 ➡ シェアハウス

同じ「居住用」のつもりが…。
用途変更の確認申請の基本

#用途変更 　#検査済証未取得 　#構造調査 　#既存不適格 　#床面積調整 　#オーナー

　小規模な建物で、シェアハウスのような戸建て住宅に非常に近い用途に変更する場合であっても、用途変更の確認申請が必要になる場合があります。つい陥りがちなポイントや注意すべき点を解説していきます。

☞ **チェックポイント**

✔ シェアハウス（寄宿舎）が建築可能な地域か？
　　　　　　　　── 住宅系用途は基本どの地域でも建築可能。ただし例外には注意

✔ 用途変更が可能か？── 検査済証の有無をまず確認。事業の成否に大きく影響が出る

✔ 事業性の確認── 改修後の収支と改修コストのバランスを確認する

✔ 費用をかけない既存建物の構造調査の仕方を知っておこう

事業データ

竣 工 年	1964 年	構　　造	木造
所 在 地	東京都豊島区	階　　数	地上 2 階
用途地域	近隣商業地域	最高高さ	約 6m
その他の規制	第三種高度地区、準防火地域	耐震基準	旧耐震
延べ面積	約 110m²	確認済証	取得済
既存用途	戸建て住宅	検査済証	未取得
計画用途	寄宿舎（シェアハウス）	工事期間	工事未着手
		工事金額	約 1500 万円（見積書ベース）

48　　第Ⅲ部　事例編

図1 外観

STEP 1 建物をどうしたいか
—— 空き家になった実家を賃貸で運用したい

壊したくない家 —— 空き家の活用方法を探る

　このプロジェクトは、シェアハウスのポータルサイトを運営するB社の紹介で行った案件です。

　物件は、オーナー姉妹の実家で、現在は空き家になっているとのことでした。2人とも結婚されていて近所にお住まいですが、生まれ育った家なので壊してしまうのも心残りがあり、なるべく現在の姿に近い形で運用したいとのことでした。最寄り駅は都内のターミナル駅から1駅、駅からも3分程度と好立地でした。特徴的なのは都内の一戸建てではめずらしく南側にとても広い庭があり、庭の手入れも行き届いていたことです。どのような形で運用するにせよ、この庭は1つの魅力になるであろうと思われました。

当初は既存の建物のまま、戸建て物件として賃貸することを検討されていたそうですが、築年数も古く、最寄駅徒歩3分でも借り手がつかなかったそうです。

　建物の面積は約110m²（約33坪）で、間取りとしてはキッチンが1、2階両方にあるものの、5LDKでした。この地域で5LDKだと、相場としては20万円程度です。この家賃を払うのであれば、新築のマンションでも借りられるし、近年は核家族化が進み、子ども2人までの家族がほとんどですので、5LDKもの広さを、しかも賃貸で必要とするニーズがそもそもあまりありません。

　そこで、オーナー姉妹は戸建てでの賃貸はあきらめ、B社にシェアハウスとしての運用方法を相談することに決めたそうです。

STEP 2 地域の規制の確認
—— 住居系の建物が建てられるエリアか？

▌都市計画上はどこでも建築可能な住居系用途だが、例外もある

　第II部のステップ2で述べたように、事業の概要、特に問題点が分かった後は、まずは地域の規制を確認する必要があります。

　地域の規制の主なものとしては、都市計画による用途地域の規制、地区計画や建築協定等があります。住居系の用途は、都市計画法上は、工業専用地域以外では基本的にどの用途地域でも建築可能となっています。また、建築基準法上の法規制も少なく、消防法の規制もほとんど当たりません。戸建て住宅は、特定少数の利用者が使用する建物であり、避難をする場合にも数分で屋外に出られ、どこに逃げれば安全か利用者は把握しているであろうと想定されているからです。

　しかし、地区計画[注1]ではまれに住居系の用途を建てることができない地域を定めている場合があります。ほかに、産業振興地域のような商業系の用途を積極的に誘致しているエリアでは住居系の用途が禁止されていたり、店舗兼用住宅などの住宅部分の面積の割合が制限されていることがあります。

　また、東京都にはワンルーム条例という、単身者向けのワンルームマンショ

50　第III部　事例編

ンやアパート、シェアハウス等の建築を規制する条例を設けている自治体が多くあります。東京都は総世帯数に占める単身者世帯が多い傾向にありますが、ワンルームマンションに住む単身者は地域への定着度が低く、住民票を置かないことが多いので自治体にとっては税収につながらないほか、マナーが悪かったり近隣への悪影響を及ぼす事例も見られるためです。

今回の事例の場合は、用途地域は近隣商業地域で、特別な用途規制や地区計画等もなく、ワンルーム条例の規制も改修工事には適用がなかったため、シェアハウスに用途変更することは問題のない地域であることが分かりました。

STEP 3 既存建物の状況を確認
—— 法適合状況を調べる

▌用途変更と確認申請 —— 確認申請が必要になる場合とは？

改修工事で確認申請の必要な行為

建築基準法では、原則完了検査を受け、検査に合格したことを示す検査済証が交付された後でなければ建物を使用してはいけないことになっています → p.18 。

しかし、第Ⅰ部で述べたように検査済証取得率は高くありません。戸建て住宅は特に完了検査を受けていない物件が多いのですが、この事例の物件も検査済証を取得していませんでした。

完了検査を受けていない物件は、竣工当初の法適合性が確認できないため、その後の申請を伴う改修工事が非常にやりにくくなります。「その後の申請を伴う改修工事」とは具体的には、「増築」「改築」「大規模の修繕／模様替え」「用途変更」の4つです。

このうち、「増築」「改築」「大規模の修繕／模様替え」は第2章以降で解説しますので、ここでは「用途変更」について解説していきます。

注1：地区計画に似た地域の規制に建築協定があります。地区計画は行政が特定の地域に対して規制を定めるのに対し、建築協定は地域の住民、あるいは開発者の定めた協定によって、居住環境をより良いものにするために都市計画の制限を付加することができる制度なので、住居系用途に制限がかかることはまずありません。

第1章　居住用施設への改修　*51*

用途変更とは、言葉の通り建物の用途を変更することで、元の用途から他の用途に転用することを言います。

このうち、変更後の用途が、建築基準法別表第1（い）欄の特殊建築物の用途（表1）で、200m²（当初は100m²）注2 を超えるものに変更する場合に限り、確認申請が必要になります。

たとえば250m²の住宅をオフィス（事務所用途）に用途変更する場合、あるいは50m²の倉庫を飲食店舗に変更する場合は、用途変更ではありますが、確認申請は必要ありません。また、250m²の住宅を、190m²の物販店と60m²の住宅として、店舗付き住宅に用途変更する場合も確認申請は不要です注3。

今回の物件は延べ面積が約110m²で、当時建物全体をシェアハウス（寄宿舎注4）の用途に変更するためには、確認申請が必要でした。

申請の必要な改修を行うための3つの条件

既存建物の改修にあたって確認申請を出すためには、既存の建物が、

条件1. 新築時に確認申請を提出し、完了検査を受けていること

条件2. 竣工後の改修工事や用途変更等を行っている場合にそれらの手続きに違反がないこと

条件3. 現状適法であるか、既存不適格（次頁）であること

の3つを満たしていることが条件となります。

建築基準法の違反には、手続き違反と実態違反の2つの種類があります。手続き違反とは確認申請や完了検査といった法的に必要な手続きを行っていないことで、条件1と条件2を満たしていない場合は手続き違反に該当します。一方実態違反とは、何らかの理由で建物が違法状態になっているものを言います。

表1　別表第1（い）欄の用途

（1）劇場、映画館、演芸場、観覧場、公会堂、集会場等
（2）病院、診療所、ホテル、旅館、下宿、共同住宅、寄宿舎、児童福祉施設等
（3）学校、体育館、博物館、美術館等
（4）百貨店、マーケット、展示場、飲食店、物販店、公衆浴場等
（5）倉庫等
（6）自動車車庫、自動車修理工場等

条件3を満たしていない建物は実態違反となります。

　既存建物を利用するにあたって申請が必要な改修を行う場合には、どちらの違反があっても申請を出すことはできません。

　今回の事例の建物は、調査をしたところ特に違反部分は見つかりませんでしたが、完了検査を受けていませんでした。つまり実態違反はない建物ですが、手続き違反のある建物で、このままでは確認申請を出すことができない状態でした。

既存不適格建築物と違反建築物 —— 現行法規に不適合でも取扱いがまったく違う

　建築基準法は、大きな災害や事件が起こるたびに何度も法改正をくり返してきました。これらは過去の災害や事件を教訓に、新しくできる建物をより良いものにするためにはとても重要なことです。しかし、これらの法改正の前から建っている建物については、竣工した当初は適法であったものが法改正されたために現在の基準法を満たさないものになってしまう場合があります。

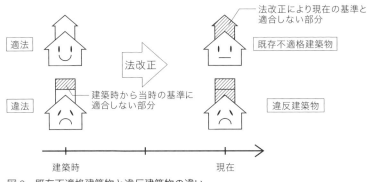

図2　既存不適格建築物と違反建築物の違い

注2：2018年6月20日可決、6月27日公布の「建築基準法の一部を改正する法律」でこの面積が200m²に改正されました。→p.145

注3：190m²の物販店と60m²の飲食店に変更する場合、つまり別表第1（い）欄の用途がそれぞれ200m²以内で、合計すると200m²を超える場合は行政内でも見解が分かれており、国も今のところ明確な指針を出していません（2020年4月現在）。

注4：2013年9月、いわゆる「脱法ハウス」問題の対策のため、国土交通省は、シェアハウスを別表第1（い）欄の特殊建築物である「寄宿舎」とする旨の通知を出しています。（国土交通省住宅局建築指導課ほか 「違法貸しルーム対策に対する通知について」2013年9月6日）

建築基準法ではこのような、建物の着工後の法改正によって現行基準を満たさなくなってしまった建物を「既存不適格建築物」といい、法改正とは関係なく法令に違反している「違反建築物」と明確に取扱いを区別しています。既存不適格建築物は、現状維持の場合には法改正以前の建物にさかのぼって改正内容を適用すること（遡及対応）は求められません。つまり、既存不適格のまま現状維持することが可能[注5]なのです。

しかし、既存不適格建築物を改修して利用する際に、増築や大規模の修繕／模様替え、用途変更といった申請行為が必要となる場合には、遡及対応をしなければならない部分が出てくることがあります。ただし、改修工事の方法次第では、部分的に、または全部を遡及対応せずに改修することが可能です。

一方、違反建築物は法改正に関係なく法令に違反しているため、確認申請が必要な改修工事を行う場合には、その違反部分を是正してからでなければ原則申請を受けつけてくれません。

▌建物の状況 ── 申請時より面積が約1割増加していた

この事例の建物は、確認申請時の面積[注6]より現状の面積のほうが増えていました。厄介なことに、今の建物の状況からは、申請時よりどこの部分が増えているのかがはっきり分かりませんでした。

建ぺい率も容積率もオーバーしてはいないのですが、確認申請時と状況が変わっている場合、行政から詳細な調査を求められる場合があります。そこで、ここまで書類、現況を調査した段階で、区役所の建築指導課に今後計画を進めるにはどういった対応とすべきか協議に行きました。

この事例のように、既存建物が検査済証を取得していない場合、まず図面や台帳記載証明書等を確認して、特に面積や、使い方（用途等）の違いの有無を把握できた段階で、まず行政に見解を聞きに行きます。検査済証のない建物の調査についてのガイドライン → p.19 は、まだできてから年数が経っていないため、行政によって運用にばらつきがあるためです。管轄の行政が申請を受理するまでにどのような調査が必要と考えているかを確認してから作業を進めないと、無駄になる可能性があるのです。

区役所と協議をした主な内容は、

1. 検査済証を取得していないが、用途変更の確認申請を提出するにあたって事業者としてはどのような対応が必要か？

2. 申請時の延べ面積より現況の面積が増えているが、建ぺい率、容積率等の規定は満たしている。現況のままで用途変更が可能か？

の2点です。

協議した結果、1. の内容については、検査済証がなくても、既存不適格であることが前提で用途変更は可能とのことでした。ただし、既存不適格であるかどうかについては、確認申請当時の建築基準法の規定を満たしていたかどうかを事業者側で調査して、書類と図面で報告するようにとのことでした。

2. の延べ面積が増えていることについては、増えた状態のままでは確認申請当時の状態と変わっているため、現況のまま用途変更することはできないということでした。確認申請当時から増えた今の面積のまま使いたいのであれば、一度増築という形で新たに手続きが必要とのことでした。

今回の建物は1964年頃に建築されたもので、旧耐震 → p.35 の建物であったため、増築の手続きを新たにする場合は現行法の耐震基準を満たすための補強をすることが前提になります。

STEP 4~5 プランニング

▌減築をする前提での計画案
面積を減らしつつ、シェアハウスとして魅力的なプランに

第Ⅱ部では、ステップ4として「QCDのバランスを確認する」という項目を挙げましたが、今回はシェアハウスに知見のあるB社の見解では賃料がある程度見込めそうなこと、そして規模が小さく木造であるため、ある程度は工事費の想定がつくことから、収支については問題なく進められそうなことが分かっ

注5：消防法の改正内容は原則遡及対応を求められます。
注6：「確認申請時の面積」とは、確認済証の交付時における、その建物の計画上の延べ面積のことです。第Ⅱ部で述べた「台帳記載証明書」→ p.33 に記載されている面積となります。

第1章 居住用施設への改修　　55

ていました。そこで、まずは法的に認められる形に持っていくことが可能か確認することを優先し、ステップ4とステップ5のプランニングを並行して進めることにしました。

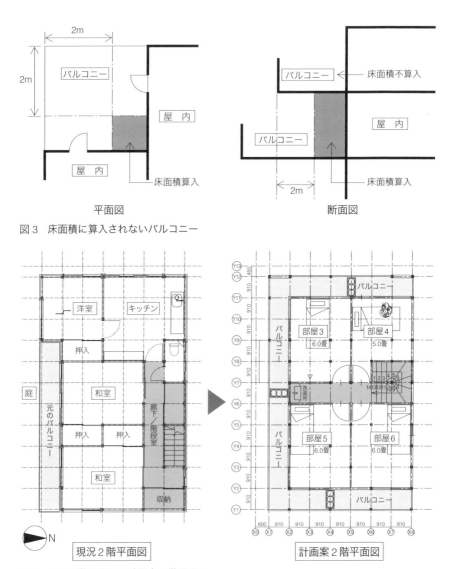

図3　床面積に算入されないバルコニー

図4　現況2階平面図と計画案2階平面図

計画の内容としては、今の建物の一部を減らす形で確認申請時の面積まで延べ面積を減らし、その工事とあわせて必要な補強工事や改修工事を行って、既存不適格の状態にすることで計画を進めるという方法を検討しました。

　この建物では、非常に良く手入れのされた庭が南側に広くあったので、それに面してぐるりとコの字型にバルコニーを回すという方法を考えました。バルコニーは外気に有効に開放されている場合、幅2mまでは延べ面積に算入されません（図3）。

　外周をコの字型に減らすと未申請で増えていた面積分をちょうど減らせることになりました。さらにそうすると2階はすべての部屋が2〜3畳の大きなバルコニーを持つことになります。それはシェアハウスのプランとしては1つの強みにできる部分になると思えました（図4）。

　それに加え、既存のプランは階段の位置が悪く、無駄なスペースが多い使い勝手の悪い間取りになっていました。また、階段の勾配が、住宅用の最低限の蹴上げ、踏面寸法であったので、寄宿舎に用途変更すると規定を満たすことが

表2　住宅用の階段の最低寸法とその他の用途の階段の最低寸法（建築基準法施行令23条）

	階段の種類	階段および踊場の幅 (cm)	蹴上げの寸法 (cm)	踏面の寸法 (cm)
1	小学校の児童用	140 以上	16 以下	26 以上
2	中学校、高等学校、中等教育学校の生徒用	140 以上	18 以下	26 以上
	劇場、映画館、公会堂、集会場等の客用			
	物販店舗（物品加工修理業を含む）で床面積の合計が 1500m² を超える客用			
3	直上階の居室の床面積の合計が 200m² を超える地上階用のもの	120 以上	20 以下	24 以上
	居室の床面積の合計が 100m² を超える地階、地下工作物内のもの			
4	1〜3 以外および **住宅以外** の階段	75 以上	**22 以下**	**21 以上**
5	**住宅**（共同住宅の共用階段を除く）	75 以上	**23 以下**	**15 以上**

注7（次頁）：2017年9月26日に施行された建築基準法施行令23条4項に基づく告示868号では、住宅以外の階段でも、①階段の両側に手すりを設けること、②踏面の表面を滑りにくくすること、の2点の条件を満たせば、蹴上げを「23cm以下」、踏み面を「19cm以上」とすることができるようになりました。これにより、蹴上げは住宅と同じ23cmで、踏面のみ19cmに広げることで対応できるようになり、住宅用途からシェアハウスへの改修がしやすくなりました。

第1章　居住用施設への改修　　57

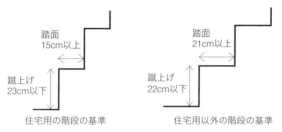

図5　住宅用の階段とその他の用途の階段の最低寸法の違い。住宅用はやや急でも良い

できませんでした[注7]（表2、図5）。

　そのため、いずれにしても階段を改修しなければならないので、階段の位置を中央付近に持ってくることで動線を整理し、ある程度の貸室面積を確保しつつ、かつ部屋数を最大限取れるように一部プランを変更しました。

木造の基本的な構造規定

　自分やその家族が住むための建物である住宅を事業用の建物に変更する場合に、オーナーは入居者に対して建物の安全性についての責任を負うことになることを理解しなければなりません。その中でも最近特に関心が高いのが、構造に関する安全性についてです。特に旧耐震の建物については、事業者としてどこまで補強すべきか専門家とよく計画を立て、話し合っておく必要があります。

　用途変更の場合は、構造規定に関しては法的には不遡及です。旧耐震基準の建物であっても、用途変更のみであれば新耐震基準に適合させる必要はありません。そのため、どこまでを遡及対応させるかは、事業主、設計者の裁量に任せられています。今回オーナーの「建物をずっと残したい」という思いや、シェアハウスに用途変更することで、不特定多数の入居者の安全性について責任が増えることを考慮すると、私たちは、木造の構造規定でもっとも基本的な壁量計算[注8]の規定については、現行の規定を満たすようにしたほうが良いと判断しました。そこで、「用途変更の調査の中である程度構造的に悪いところは直していこう」とオーナーにご説明し、了解していただきました。

　区役所との協議で、確認申請時の建築基準法の規定を満たしていたかどうかを調査せよという指導を受けたことはすでに述べました。検査済証の発行を受

けていない物件では、このように指導を受ける場合が多いのですが、この調査をする場合、構造の規定に適合していたかどうかを確認することが最も困難な内容になります。なぜなら、確認が必要な柱や梁といった構造体は、通常は仕上げ材の裏に隠れていて、確認することが難しいためです。

木造の構造規定は大きく下記の6つに分かれます。

1. 基礎の仕様に関する規定（令38条、平12建告第1347号）
2. 壁量に関する規定（令46条、昭56建告第1100号、1352号）
3. 構造材料の性能と耐久性に関する規定（令37、41、43、45、49、82、84、85、86、89条、平12建告第1459号）
4. 構造材料同士の接合部に関する規定（金物含む）（令42, 44, 47条、平12建告第1460号）
5. 屋根ふき材、外装材の緊結方法に関する規定（令39条）
6. 火打ち材に関する規定（令46条）

これらの規定はすべて仕上げ材の内側にある構造体やそれらを接合する金物の仕様に関するもの、あるいは基礎についてもコンクリート内部の鉄筋のピッチや太さなどの仕様に関するもののため、目視だけで確認することができないのです。

構造調査の方法——極力既存建物を傷めず初期調査を行い、状態が良ければ次のステップへ

しかし、何も当たりをつけずにスケルトン状態[注9]にして、いざ結果が出てみたら構造体がボロボロで、躯体改修にかかる費用が大きく、建て替えたほうが良かったというような事態は避けなければなりません。

そこで、できるだけ既存建物を傷めず、かつ費用がかからない方法で初期調査を行い、ある程度既存の構造体の状況を予測してから、工事を進めて良いかどうかを判断します。状況の予測が良好であれば既存建物の改修に入ることが

注8：耐力壁（耐震上有効な壁）の量により、必要な耐震性能を満たしているか簡易に検討する方法。建築士が設計すれば構造計算書の提出が必要ない木造2階建ての建物であっても、行政によっては新築時の確認申請図書に壁量計算の結果を添付することが必要な場合もあります。
注9：壁や天井の仕上げ材をすべてはがして構造体をむき出しにした状態のこと。

第1章　居住用施設への改修　　59

できるので、その段階で躯体の本調査を行い、補強の必要な箇所は適宜補強をしていくのです。

　初期調査は、床下点検口や天井点検口があればそこから床下や天井裏に入っていき、内部を確認することができます。それらがない場合は押入れや畳の下など比較的影響が少ない部分を壊して確認します。内部を見て、シロアリによる被害や柱、梁等の劣化度合い、傾き具合、金物が正しく施工されているか等の調査を行います（図6）。また、壁の内側の筋交いや金物を確認する場合には、大型の家具等の裏側を破壊すれば影響を少なくすることができます。

　一方、基礎のコンクリートは超音波による非破壊検査で鉄筋の有無とピッチ、アンカーボルトやホールダウン金物といったコンクリートに埋め込まれる金物の有無や長さを確認します。

　この程度の調査であれば木造の床、壁、天井の調査は大工1人工（にんく）＝数万円程度、木造2階建て程度の基礎の非破壊検査であれば10万円前後で行えるので、この初期調査の結果、劣化が酷い、施工状況が悪い建物については、用途変更や改修を見送るという判断もしやすくなります。

図6　現地調査時の写真。壊しやすいところを破壊して躯体の状況を確認する。写真は天井裏

初期調査の前の段階で、この事例の建物は、全体的に傾きが少なく状態が良好だと分かっていました。通常家具や建具などは古くなって傷んでくると建て付けが悪くなったりしますが、この建物の場合はかなりスムーズでした。そのため、かなり腕の良い大工が施工したものであると思われました。また、目視で蟻道[注10]がなかったので、シロアリによる被害もないことが分かりました。そこで、さらに細かく調査を行うことにしました。

初期調査の結果──無筋の基礎と、筋交いのまったくない構造の建物

　この事例の建物では、まず柱と壁内部の状況から見ていくことにしました。

　この建物は基本的に真壁（図7）であったので、柱の位置や寸法は露出している柱の大きさを実測することですぐ把握することができました。

　次に、壁を一部壊し、中の筋交いや金物の状態を確認していきます。今回の建物では、1階北西のダイニングの外壁裏の壁と、廊下と和室1の間の壁を破壊して中を確認しました（図8）。この部分を選んだのは、まず1階、2階の通し柱に挟まれた壁であり、構造耐力的に重要な部分だと予想されたこと。また、大きな家具や鏡があり、壊しても隠すことができる場所であったことが理由です。

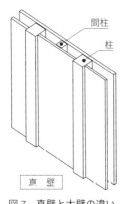
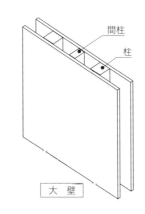

図7　真壁と大壁の違い

注10：シロアリの通り道のこと。シロアリは建物に侵入してくる際に土から基礎にトンネル状の通り道をつくる。これの有無でシロアリが建物に侵入しているか判断できる場合が多い。

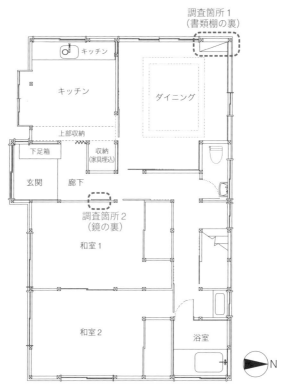

図8 壁を破壊して調査した箇所

図9 筋交いの例

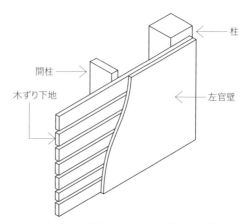

図10 木ずりの構成図。45mm程度の幅の狭い板を上下約5mmの間隔で水平に柱、間柱に打ちつける

調査の結果、この部分には「筋交い」（図9）と呼ばれる耐震性を高めるための斜めに配置された木材がなく、「木ずり」（図10）と呼ばれる左官の下地になっていることが分かりました。この部分は構造耐力上重要な部分であるので、ここに筋交いがないということは、筋交いがまったく入っていない建物であることが予想されました。

　木造で筋交いの入っていない建物が存在するのか？　と思われるかもしれませんが、実は1959年の法改正から、1981年の法改正（新耐震基準の施行）までは、「木ずり」の壁倍率[注11]が表3のように高く設定されていました。今回の事例はこの時期に竣工した建物なので、「木ずり」の壁だけで当時の壁量の規定を満足していたため、筋交いがなくても成立したのだと推測されました。

　しかし、現在の規定と比べると壁量が足りなくなるので、シェアハウスに用途変更する改修工事ではベニヤで一部補強する計画としました。区役所の指導でも、既存不適格である前提で用途変更が可能ということでしたので、この部分の補強については先に述べたように法的には行う必要はありません。しかし、階段の位置を変えたり、内装の意匠としてベニヤ板を利用する等、耐震補強ではなく、シェアハウスへ間取りを変えることによっていずれにしても必要な工事を行う中で、壁量を確保していくことは比較的低コストで行うことが可能なため、現行の規定に合わせるように計画しました。

表3　壁倍率の変遷

軸組の種類	倍率		
	1981年改正	1959年改正	1950年改正
土塗壁、裏返し塗りのないもの	0.5	0.5	0.5
土塗壁、裏返し塗りをしたもの	0.5	1.0	0.5
木ずり壁、片面	0.5	**1.5**	0.5
木ずり壁、両面	0.5	**3.0**	1.0
3つ割り筋交い、径12mm鉄筋筋交い	2.0	1.5	1.5
2つ割り筋交い	3.0	3.0	2.0
柱同寸筋交い	4.0	4.5	3.0
柱同寸筋交いのたすき掛け	8.0	6.0	5.0

注11：木造の建物は地震に対する必要壁量＝耐力壁の量が各階ごとに長さ／床面積の割合で設定されています。壁倍率とはこの壁量の割合のことです。

第1章　居住用施設への改修　　63

基礎については、超音波による鉄筋、金物の探査を行いました。調査の結果、基礎は無筋[注12]のコンクリートであることが分かりました。これも既存不適格となりますが、周辺の建物やこの建物の基礎をよく観察してみても、不同沈下[注13]していたり、大きなひび割れや変形をしている箇所はなかったので、上部木構造の耐震壁補強部分に一部基礎を増し打ちすることとし、それ以外の既存の基礎部分は無筋のままでも問題ないと判断しました。ここまでの概要をオーナーに報告し、基本的な方針について了解を得たので、概算見積りを取ることにしました。

新築より安く、採算も確保。
ただし法律を理解して余裕を持った想定を

大枠が決まったので、事業者としては計画を進める上で最も楽しみなデザインの検討をしたくなりますが、この時点では内装や照明といった意匠的な部分については一般的な中程度の仕様とし、詳細な内容はある程度保留にして、おおまかな金額で全体金額を把握するようにします。

今回の事例で出てきた概算の金額は約1500万円でした。

計画では約6畳の部屋が6部屋取れており、周辺の賃貸相場を鑑みると、保守的に見ても、平均して月6万円／部屋は家賃を取れそうでした。そうすると早ければ大体5〜7年程度、空き室のリスクを悪いほうで見た場合でも10年で投資額は回収できる見込みでした。耐震性も上がり、使われていなかった建物が使われることになるので悪くない計画であるように思われました。

概算金額が出たので、改めてオーナーに、本調査および改修の計画を進めるかどうかの最終判断を仰ぎました。ところがこの段階で、オーナーから計画を少し待ってほしい、計画を中断したい、と言われました。

理由は大きく2点あり、1点目は、オーナーにとっては改修コストが思ったよりもかかってしまうと感じられたことでした。検査済証がなかったことで構造調査が必要になること。また階段の改修が必要であること。そして面積が竣工時より大きくなっていたことで減築をしなければならなかったことが、オーナーの予想以上にコストがかかった原因です。シェアハウスならほぼ元の形のま

64　第Ⅲ部　事例編

までよく、コストをかけずに改修ができると思っていたオーナーの想定がここで崩れてしまいました。

また、もう1つの理由として、思い出として残しておきたかった自分たちの生家が、大きく変わってしまうのではないかと懸念されたようでした。シェアハウスとしてほとんど改修せずに使えると思っていたところに、1割程度も面積を減らさなければならない、また階段も変えないといけない、という大きな改修で、ご両親の代から受け継いだ建物を、ご自身の代で大きく変えることにも躊躇いがあったようでした。

まとめ
── 使われ方が変わると法規制も変わる。用途を変える場合は住宅でも要注意

この事例で述べたように、一般的には似たような用途に見えるけれど、用途変更の申請が必要な場合があることはよく覚えておいていただきたいと思います。これは間取りを変えるような工事が一切発生していなくても同様なので、注意が必要です。

先に述べたように、シェアハウスは寄宿舎という扱いになっていて、不特定多数が集まる用途として捉えられているので、用途変更の申請が必要です。申請が必要になると、検査済証をほとんど取得していない戸建て住宅は、既存不適格であることを事業者側で証明する必要があり、余計に費用がかかることになります。

今回の事例では明らかに事業用に計画を進めているので、オーナーも申請の要否を早めに確認する必要性を認識していましたが、事業収支を考え始めるタイミングで申請の要否を確認しておくことが理想です。検査済証を取得しておらず、そのことの認識がないまま収支を組んでいた場合、申請のための費用が計画を圧迫して、事業が進まない可能性があります。

注12：鉄筋が入っていないこと。
注13：異なる性状の地盤の上に建った建物等の場合、部分的に基礎下の地盤が沈下することによって基礎が不均等に沈下すること。建物が傾いたり、基礎を有害に変形させる力が加わったりする場合があります。

第1章　居住用施設への改修　　65

たとえば両親が亡くなって、自宅をアパートにすることにして、友人、知人を住まわせるといった時には、契約や募集の形によっては寄宿舎と扱われる可能性もあります。

　家を託児所にしているケースもあります。自分の子どもはもう小学校に上がって手が空いたからと、周りのお母さんから子どもを預かって、ちょっとお金をもらっている事例もあります。規模にもよりますが、業として行っている以上、認可外保育施設として扱われる場合もあり、要注意です。

　また、絵が趣味で、家をアトリエとして使っていたのだけど、たくさん作品ができてきたので、家の一部をギャラリーにして、気に入った人には売っているようなケースもあります。販売を行うギャラリーは、行政にもよりますが、物販店としている場合が多いため、これも要注意です。

　自分では何も建物を変えていない、という認識でも、建築基準法は用途を変えるということに対して一定の要件で申請が必要な行為として定義していることを覚えておいていただきたいと思います。その上で、「ちょっとこの使い方は用途が変わっているんじゃないかな？」と思えば建築士のような専門家か、行政に早めに確認をされることをおすすめします。

66　　第Ⅲ部　事例編

事例 1-2

店舗付き住宅➡ゲストハウス

賃貸事業用に購入したゲストハウスが違法建築だった！

#用途変更 #違反建築物 #特殊建築物 #大規模の模様替え #竪穴区画 #オーナー

　事業用に購入した物件が、売主が違法な形で改修を行ったもので、それを知らずに買ってしまったら…？

　行政から指導を受けた場合にどういったことが起こるのでしょうか？　用途が変わることで、建物の形はほとんど変わらなくても、法的な規制が変わり、違反建築物になってしまう場合があります。特に住宅のような法的規制の少ない建物から、特殊建築物と呼ばれる不特定多数の利用する建物に変更した場合には規制の違いが多く、多大なコストがかかる場合があります。

　ここでは、訴訟にまで発展した事例をもとに、違反になりやすい事項を確認していきます。

☞ **チェックポイント**

✓ 違反建築物に対する措置を理解する
✓ コストバランスを考え、適切な是正工事内容を検討する
✓ 違反建築物にならない注意点を知る——こんな簡単な工事でも違法に!?
✓ 建築主の責任を理解する

第 1 章　居住用施設への改修　　67

事業データ

竣 工 年	1996 年	構　　造	鉄骨造
所 在 地	東京都江東区	階　　数	地上 3 階
用途地域	第一種住居地域	最高高さ	約 9.5m
その他の規制	第三種高度地区、準防火地域	耐震基準	新耐震
延べ面積	約 340m²	確認済証	取得済
既存用途	店舗付き住宅	検査済証	未取得
計画用途	店舗／寄宿舎	工事期間	工事未着手
		工事金額	約 4000 万円（見積書ベース）

STEP 1 建物の問題点を把握する
—— 査察はある日突然やってくる

　この事例は東京都江東区にある飲食店＋ゲストハウスの物件で、「役所と消防の両方から、購入したゲストハウス物件の違反是正の指摘を受けてしまった。売主からは説明を受けておらず、とても困っているので相談に乗ってほしい」というご依頼から始まりました。

　個人の不動産投資家の方で、この物件以外にも物件をいくつかお持ちなのですが、高収益物件という謳い文句に惹かれてこのゲストハウスを購入したとのことでした。ところが、購入して 2 年程経ったある日、消防署から「この物件の持ち主が変わったとのことで連絡をした。消防法で定められた点検結果がずっと出ていないので、一度立入り検査をさせてほしい」という電話があったそうです。

　消防の担当者は、区役所の担当者を伴って現れ、建物を全体的に見て回った後、「消防法と、建築基準法に違反している部分があります。後日、消防と区役所のそれぞれから是正勧告書という形で書面を送るので、是正について打ち合わせに来るようにしてください」と言ったそうです。

　その後、「是正勧告書」という書類が届いて、行政、消防に打ち合わせに行ったものの、専門的な内容で自分だけでは手に負えず、その後どう対応すればいいかも分からない状態で途方にくれ、私たちに連絡をしてこられました。

68　　第Ⅲ部　事例編

消防査察はこのように突然行われます。

消防という組織の役割は火事が起こった時に消火することはもちろんですが、火事を未然に防ぐ防火も重要な役割で、予防課という課を持っています。一定規模以上の建物や特定の用途の建物は、確認申請の際に消防同意という手続きを行います。消防法や火災予防条例の規定に適合しているか、計画時点で審査をするのです。建築主事や指定確認検査機関はこの消防の同意がなければ確認済証を発行することができません。さらに竣工後も、建物オーナーに消防設備の点検・報告をさせる権限を持っています。

また、この建物のように長い間その報告がされていない物件や、近隣から「あれは違反ではないか?」などと通報があった物件には立入り検査を行う権限も持っており、検査の結果、避難に支障を来したり、火災を起こす危険性が高い建物には是正を命じたり、より危険性の高い建物については直ちに使用停止を命じる権限も持っています。

また、以前はほとんどなかったのですが、今回のように区役所も同時に来るケースが増えてきています。「建築基準法は消防の管轄外」として市役所の建築担当に違反が伝わっていなかったことで結果的に多数の死者を出した川崎市の簡易宿所火災(2015年)以降、消防と行政が緊密に連携を取るようになりました。消防担当者も建築基準法の内容を熟知するようになり、違反が疑われる場合には情報共有をして対応を協議するようになっています。

今回の物件も消防と区が連絡を取り合って、違反が疑われる建物を調査していこう、ということになったようです。

▍違反の状況把握 ── なぜ指摘を受けたのか

是正指摘事項の内容

相談を受けて、まず建物の状況を確認するところから始めました。

注1(次頁):消防法に定める国家資格で、建物の防火上の管理、予防、消防活動を行う者のこと。一定数の収容人員の建物には防火管理者の選任が必要となり、規模や用途によって甲種と乙種に分かれています。

注2(次頁):防火管理者が作成し、消防署に届けなければならない防火上の書類のこと。危険物や火器の取扱い、放火防止対策の方法、防火管理体制、避難訓練のやり方等を記載するものです。

第1章 居住用施設への改修 69

消防から出ていた違反指摘事項は、

- 防火管理者[注1]の未選任、および消防計画[注2]未作成（消防法第8条）
- 共同防火管理協議事項[注3]未決定（消防法第8条の2）
- 自動火災報知設備の感知器一部未設置（消防法施行令第21条）
- 誘導灯一部未設置（消防法施行令第26条）

の4項目。

一方、区から出ていた違反指摘事項は、

- 用途変更の確認申請が出ていない（建築基準法第6条、第87条）
- 耐火建築物になっていない（建築基準法第27条）
- 建ぺい率が超過している（建築基準法第53条）
- 竪穴区画がない（建築基準法第112条9項）
- 界壁がない（建築基準法第114条）
- 非常用の照明設備が設置されていない（建築基準法第126条の4）
- 窓先空地が確保されていない（東京都建築安全条例第19条）

の7項目となっていました。

そのほか是正項目の指摘事項にはありませんでしたが、外壁に面しておらず採光の取れない部屋や、東京都建築安全条例の住宅系用途の最低面積の基準である7m²を下回る部屋もありました。

STEP 2 地域の規制の確認
—— 用途規制への抵触はないか

建物は1階に飲食店が入り、2階から上がいわゆるゲストハウスと呼ばれる外国人留学生が入居する寄宿舎になっていました。

指摘事項としては出てきていませんが、まず用途地域の規制に抵触していないか念のため確認しました。敷地は第一種住居地域で特に地区計画、建築協定等もなく、またワンルーム条例 → p.50 もありませんでした。そのため、飲食店はもちろん、寄宿舎の部分も問題ないエリアだと判断しました。

70　　第Ⅲ部　事例編

STEP 3 建物の状況の確認
── 資料調査、現地調査で指摘を1つずつ確認

　この建物の新築時の確認申請書には1階が約100m²の飲食店、2階・3階が合わせて約200m²の住宅という店舗付き住宅の用途で申請が出ていたのですが、検査済証を取得していませんでした。

　ここまで書類で確認できた段階で、違反是正指摘事項の内容を確認するために、現地で建物の状況を確認することにしました。

　まず、建物を見ると、ゲストハウス部分の間仕切りは後から追加したものであることは明らかでした。そこで、元は確かに住宅で、その後売主がゲストハウスに改修したものであることが分かりました。

　消防法の指摘事項については、防火管理者の講習を受け、書類さえ提出すればよいものです。残りの自動火災報知設備の感知器については、自動火災報知設備を新たに導入するには50〜100万円程度の費用がかかりますが、この建物にはすでに火災報知設備が設置してあり、感知器のみ増設すればよいもので、数万〜10万円程度の費用で済みます。誘導灯についても同様です。

　しかし、区からの建築基準法に関わる指摘事項については、建物を大規模に改修しなければ是正できない項目が多くありました。

　まず、「用途変更の確認申請」についてですが、別表第1(い)欄の用途である寄宿舎の用途に変更するにあたって、本来であれば寄宿舎の部分の用途が100m²を超えるので確認申請が必要になります（当時。2020年現在は200m²未満であれば不要）が、その手続きを行っていなかったのです。

　しかし、こちらは旧オーナーである売主の手続き違反なので、購入者である現オーナーには違反事項はありません。今後是正計画を立てていく中で、現オ

注3：テナントが複数ある場合など、防火管理者が複数いる場合には、防火管理協議事項を定め、消防署に届け出なければならないとされています。
注4(次々頁)：特定行政庁である区は、建物の所有者に対して建物の内容について報告を求めることができるとされます。今回のようなケースでは、たとえば「是正計画書」といった書面を提出することで、現オーナーとして違反内容とその是正の計画の報告をするというような対応が考えられます。

第1章　居住用施設への改修　*71*

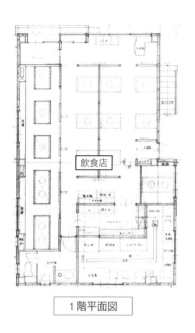

1階平面図

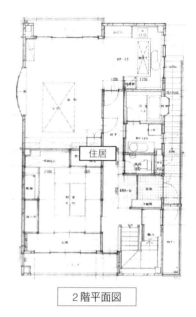

2階平面図

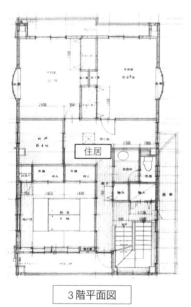

3階平面図

図1 竣工時各階平面図

ーナーとしてどういった対応[注4]が必要か区と協議していけばよいものと思われました。

次に「耐火建築物」についてですが、指摘事項を確認すると、本来耐火建築物[注5]でなければいけない規模、および用途であるのに耐火建築物になっていないとのことでした。確かに元の用途のように、1階が約100m²の飲食店、2階、3階が計200m²の住宅であれば、敷地の防火規制が準防火地域[注6]でしたので、耐火建築物にする必要はありませんが、2階、3階が寄宿舎に用途変更されていると、表1のように耐火建築物にする必要があります。この建物の主要構造部[注7]である鉄骨の柱・梁には、寄宿舎への改修工事を行う際にこの点が考慮されておらず、耐火性能が不十分でした。

「建ぺい率」については、増築等をした形跡も見られないので、図面を見ているだけではなぜ建ぺい率違反になっているのか分からなかったのですが、敷地に到着してみると隣の建物より明らかに敷地周辺の余裕が少ないように見えました。そこで、確認申請時の敷地境界線と現状の敷地境界線が合っているかを確認してみました。すると、間口方向に4.5mも狭くなっていることが分かりました（図2）。登記簿謄本を調べてみて分かったのですが、この4.5mの間口部分を建物竣工後に隣地の所有者に売却してしまっているようでした。その後隣地には他の建物が建ってしまい、現在のような敷地に余裕のない状態になっ

注5：主要構造部（注7）が耐火構造である、または耐火性能検証法という一定の計算方法により火災が終了するまで倒壊しないことが確認されたもので、かつ延焼のおそれのある部分の開口部に防火設備を設けた建築物。この1つ下のグレードの耐火性能を持った建築物として、準耐火建築物があります。準耐火建築物は火災による延焼を防止し、火災が伝搬していくのを防ぐことを目的としているのに対し、耐火建築物は延焼の防止はもちろん、火災で倒壊することを一定時間防ぐ目的があり、準耐火建築物より要求される性能が高いものとなります。

注6：防火地域、準防火地域とは、都市計画法に定められた「市街地における火災の危険を防除するため定める地域」のことで、建築基準法で具体的な規制内容が定められています。
防火地域では、①延べ面積が100m²を超えるもの、②階数が3以上のものは耐火建築物としなければならず、その他の建築物は準耐火建築物としなければならないとされています。
準防火地域では、①延べ面積が1500m²を超えるもの、②地階を除く階数が4以上のものは耐火建築物、500m²を超え、1500m²以内のものは耐火建築物または準耐火建築物、地階を除く階数が3のものは耐火建築物または準耐火建築物、または政令で定める防火上必要な基準に適合する建築物としなければならないとされています。

注7：柱、床（最下階の床を除く）、はり、屋根または階段をいいます。言葉からは構造耐力上重要な部分のような印象を受けますが、防火区画の床・壁、外壁、階段といった防火上や安全上、避難上重要と考えられる部分も含まれます。

第1章　居住用施設への改修　　73

表1　耐火建築物等としなければならない特殊建築物

	(い) 用途	(ろ) (い)欄の用途に供する階	(は) (い)欄の用途に供する部分（(一)項の場合にあっては客席、(二)項及び(四)項の場合にあっては二階、(五)項の場合にあっては三階以上の部分に限り、かつ、病院及び診療所についてはその部分に患者の収容施設がある場合に限る）の床面積の合計	(に) (い)欄の用途に供する部分の床面積の合計
(一)	劇場、映画館、演芸場、観覧場、公会堂、集会場その他これらに類するもので政令で定めるもの	3階以上の階	200m² （屋外観覧席にあっては、1000m²）以上	
(二)	病院、診療所（患者の収容施設があるものに限る）、ホテル、旅館、下宿、共同住宅、寄宿舎その他これらに類するもので政令で定めるもの	3階以上の階	300m²	
(三)	学校、体育館その他これらに類するもので政令で定めるもの	3階以上の階	2000m²	
(四)	百貨店、マーケット、展示場、キャバレー、カフェー、ナイトクラブ、バー、ダンスホール、遊技場その他これらに類するもので政令で定めるもの	3階以上の階	500m²	
(五)	倉庫その他これらに類するもので政令で定めるもの	3階以上の階	200m²	1500m²以上
(六)	自動車車庫、自動車修理工場その他これらに類するもので政令で定めるもの	3階以上の階		150m²以上

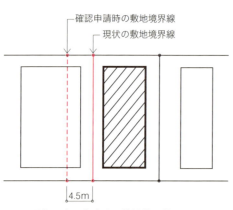

図2　現状と確認申請時の敷地境界線

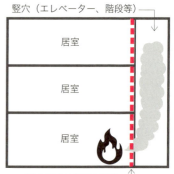

図3　竪穴区画

74　第Ⅲ部　事例編

てしまったようです。

「竪穴区画」については、「耐火建築物」にも関連する内容になりますが、主要構造部を準耐火構造以上（今回は耐火構造）とした建物の、階段室の部分には「竪穴区画」という防火区画が必要になります。竪穴とは、エレベーターの昇降路や階段室、吹抜けといった複数階にわたって垂直方向に連続する空間のことです。もし下階で火災が起こった際には、この竪穴は煙突のような働きをし、下階の煙を上階に運んでしまうため、この部分を他の部分と区画するよう求められています（図3）。これも本来寄宿舎への改修工事の際に考慮されるべき事項でした。

「界壁」は各戸、各住室同士を間仕切る壁の仕様が基準を満たしていないということです。病院等や共同住宅、寄宿舎、ホテル等で必要となる区画壁のことで、室同士の間の壁と、避難経路となる廊下と室の間の壁は一定の防火性能や遮音性能を持った壁とし、上の階の床裏（最上階は小屋裏）まで届く壁にしなければならないのです（図4）。この建物の各室の壁は天井までしか到達していませんでした。

「非常用の照明設備」とは、火災時等に避難上必要な設備のことです（図5）。火災時には通常の配線で接続された照明器具は、分電盤や配線が燃えてしまうと点灯できなくなってしまいますが、「非常用の照明設備」は断線や停電等を感知すると、自動的に予備電源（通常は器具に内蔵されたバッテリー）に切り替

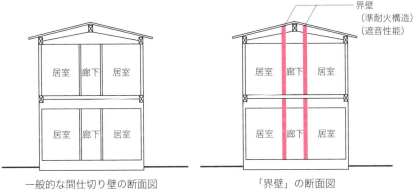

図4　界壁

えて、一定期間点灯することができます。火災で停電し、煙が充満してきても、避難経路に一定の照度を確保できるようにするための器具です。これが2階、3階には設置されていませんでした。

最後の「窓先空地」ですが、東京都の建築安全条例で必要とされる空地が確保されていませんでした。「窓先空地」とは、東京のような隣地間で建て迫った都市部の条例で設けられていることが多いのですが、居住環境や避難経路を確

図5　非常用の照明設備（写真提供：大光電機株式会社）

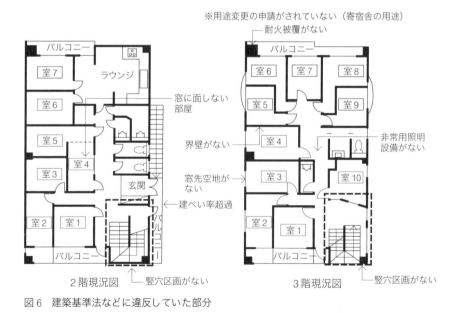

図6　建築基準法などに違反していた部分

保するため、集合住宅や寄宿舎のような居住用の建物の窓と隣地境界線の間に一定間隔の空地を設けることが必要とされる規定です。一部敷地を売却してしまったこともあり、この空地が確保できていませんでした。

　これらの違反の中でも特に建ぺい率と窓先空地については建物の形を変えなければ改善できない大きな改修が必要な内容ですし、耐火建築物への変更や竪穴区画、界壁も内装の仕上げをはがさなければ施工できない大規模な工事を伴うものでした。

STEP 4~5 適切なコストバランスの是正計画を探る

▌是正にかかる金額を請求できるか

　この内容をオーナーにお話ししたところ、「この物件の購入時の重要事項説明にはこのことが触れられていない。この指摘事項の内容をすべて改修したらいくらかかるのかをまず出して、その金額をもとに売主と訴訟をする」というご意向でした。

　売主は不動産業者でかつ一級建築士事務所登録も、建設業登録もしている建築業者で、管理も彼らがやるし賃料保証をするという話だったそうです。それなら明らかに売主の責任を問えるだろうということで、弁護士と相談した結果、裁判を起こすことになったそうです。

　そこで、私たちには、工事の見積りを取れるような是正計画の設計と、裁判資料の、建物の法律部分の内容チェックをご依頼いただきました。裁判では、行政からの指摘に対して、それらが具体的にどういった状態で、どの部分が違反なのか。そしてそれを直すのにいくらかかるのか、というところをこちらから証明しないといけないのです。それらは建築の専門家ではない弁護士の立場では難しいので、建築士の視点で洗い出してほしいというご依頼でした。

▌工事も簡易になる現実的な是正案を設計

　消防法の指摘内容と、非常用の照明設備の設置については簡単なものなので、すでにオーナーのほうで手配されていて、合計で30万円程度とのことでした。

第1章　居住用施設への改修　　77

残る建築基準法違反の部分については、どういう是正を行うかで金額が大きく変わるので、改修工事の計画内容を設計しました（図7）。

まずは、建物の形を変えることになる建ぺい率と窓先空地の内容ですが、窓先空地となる吹抜けを建物の真ん中付近に設け、そこから避難経路を確保する形とし、建ぺい率と窓先空地の問題を一気に解決する方法を考えました。

建ぺい率オーバーで建物を「削る」というと、ようかんを切るように、外側を一定幅切る方法をイメージされる方が多いと思います。しかし、一般的に構造躯体である柱・梁は外壁際にある場合が多いので、この方法で削ると柱・梁をすべて切って新たにつくり直さなければなりません。また、柱の下には基礎もあるので、既存の基礎を壊して、新しく設ける柱の下に新設する必要があります。

ここで提案した中庭状に窓先空地を設ける案は、外壁と柱・梁を残しています。このことによって既存の構造フレームを残したまま、面積を減らすことができるのです（図8）。

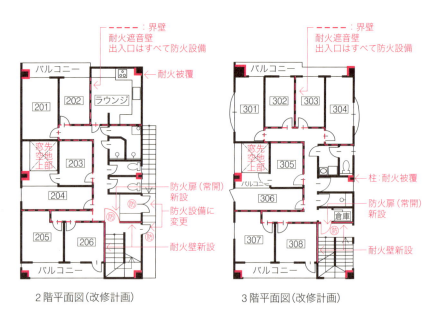

図7　新たに設けた吹抜けと界壁、防火区画等

残った耐火建築物、竪穴区画、界壁の内容については、この大規模な是正工事をしている間に、足場や養生を兼用して行っていく計画としました。
　まず耐火建築物でないこの建物を耐火建築物にするには、幸いなことに屋根、外壁、開口部についてはたまたま耐火建築物の要件を満たした仕様でしたので、鉄骨造の柱・梁を耐火被覆していけば耐火建築物としての要件を満たすことが分かりました。しかし、一般的に使用されるような吹付けの耐火被覆材を施工すると、被覆材を吹きつける際に家具を撤去したり、大規模に養生を行う必要があるため、柱・梁とも耐火被覆としての性能を満たす強化石膏ボードを内側から巻いていくことで簡単に施工できるよう計画しました（図9）。

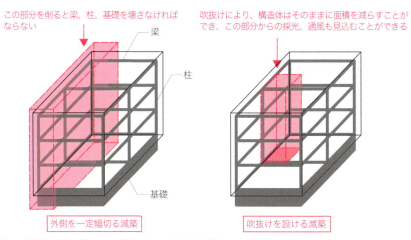

図8　外側を切る削り方と構造フレームを残す削り方の比較

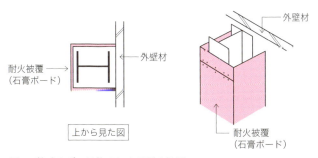

図9　乾式のボード施工による耐火被覆

竪穴区画については耐火被覆と同様に、耐火構造の要件を満たす強化石膏ボードで階段室を囲み、出入口を防火設備に変更することで、階段とその他の部分を区画する計画としました。

　最後に界壁ですが、寄宿舎の場合は界壁は3室以下、かつ100m²以下に区画していけばよいとされています（ただし、廊下に面した壁はすべて界壁とする）。そこで、各居室を3室以下のまとまりにまとめて、界壁を必要最小限に設置していく計画としました。また、この計画で7m²以下の居室や窓に面しない居室はなくし、すべて採光が取れるように計画し直しました。

　工事はすべての入居者を退去させてしまうことはせず、まず入居者の少ない3階の工事を終わらせ、次に2階の入居者を工事の終わった3階に移していく、という段取りにして、極力退去させる入居者を少なくするようにしました。家賃収入を減らさないようにするためでもありますが、オーナーが購入する以前からの入居者もいて、突然立ち退きを迫られると困ってしまう入居者も多いと思われたからです。

　これらの内容をもとに、工事業者3社に相見積りを取りました。3社の見積りはいずれも税別でそれぞれ、3100万、3700万、4110万でしたが、裁判所の判断としては4000万円が訴訟金額として妥当であり、最終的にその4000万円の全額が、売主が賠償すべき金額として認められたとのことです。

▌まとめ
── 簡単な工事のつもりが、簡単に違反建築物に

　今回の事例で重要なポイントは、違反是正をしなければならない部分はたくさんあるものの、そうなる前に行っていた改修工事の内容は非常に簡易である、ということです。売主も改修工事として行ったのは2階、3階の間仕切り工事だけの簡単なもので、他にやったことと言えば、空いている土地を売ったことぐらい、という認識であったと思われます。しかし、その簡単な工事と土地売却で、違法のデパートのような状態になってしまいました。

　最初から読まれた方は、まず冒頭に違法な点を列挙したので、さぞ悪質な改修を行ったのであろうと推測されたと思いますが、実はやっていたことは非常

に軽微な工事だけでした。もちろん売主は建築士事務所登録も建設業登録も行っているプロの不動産業者なので、ある程度は違法の認識があったかもしれませんが、ここまでの違反内容になっているという認識はなかったのではないかと思います。

「違法建築」という言葉だけ聞くと、非常に悪質で、とんでもない工事が行われているイメージを持ってしまいがちですが、単に「部屋を分割しただけ」とか「きれいに整えただけ」、あるいは「使い方を変えただけ」といったものが、実は大きな違法性をはらんでいるという可能性もあるのです。

番外編 I

戸建て住宅➡店舗付き住宅

木造 3 階建て住宅の改修

確認申請不要な用途変更　# 構造改修　# 特殊建築物　# オーナー

　構造改修を伴う店舗付き住宅の事例です。

　この事例のような木造 3 階建て住宅は 2 号建築物といい、2 階建ての住宅と大きく取扱いが違います。木造 3 階建て住宅は外壁や階段を半分以上改修すると確認申請が必要になります。また、この事例では 1 階の一部を住宅の用途から物販店舗に用途変更しています。戸建て住宅を店舗付き住宅に変える、というのは生活スタイルが変わったり、自宅で開業したりといったことを考えるとよくありそうな事例ですが、安易に計画を進めると法的な規制を見落としたり、必要な手続きをし損ねたりします。この事例を参考に、引っかかりやすいポイントや、注意点を確認してください。

☞ チェックポイント

✔ 2 号建築物か 4 号建築物か？

✔ 改修の規模が、申請の必要な規模かどうか？

✔ 構造変更についての適法性は担保されているか？

事業データ

竣 工 年	2007 年	構　　造	木造
所 在 地	東京都目黒区	階　　数	地上 3 階
用途地域	近隣商業地域	最高高さ	9.45m
その他の規制	準防火地域、高度地区	耐震基準	新耐震
延べ面積	約128m²(うち改修計画部分86.7m²)	確認済証	取得済
既存用途	一戸建ての住宅	検査済証	取得済
計画用途	一戸建ての住宅、物販店舗	工事期間	2015 年 1 月〜3 月
		工事金額	約 600 万円

82　第Ⅲ部　事例編

既存の建物正面。中央の植栽後ろの壁をはさんで左側がポーチの入口、右側が駐車場入口

改修後の建物正面。ポーチ部分に店舗入口を設けた

図1　改修前後の様子

戸建て住宅は優遇されている──4号建築物とは？

　第1章では、戸建て住宅の用途を事業系用途に変える場合にどういった点に注意すべきかという視点で説明をしてきました。そもそも戸建て住宅は、他の用途の建築物と比べてさまざまな点で優遇されています。たとえば他の用途から戸建て住宅に用途変更する場合には規模に関わらず確認申請は不要です。これは、特定の人が使用するもので、かつ比較的小規模であることが多いためです。

　また、建築基準法上、主に小規模な戸建て住宅などが該当する4号建築物と呼ばれる建物があります。木造の建築物で延べ面積500m^{2}以下、最高高さと軒の高さがそれぞれ13m、9m以下で階数が2以下のもの、または木造以外の建築物で、延べ面積が200m^{2}以下で平屋のものは、建築士が設計したものであれば確認申請の手続きが大幅に簡略化され、構造計算書の添付も不要[注1]となります。

　手続きが簡易で、かつ申請にかかる時間も1週間程度と短いため、特にハウスメーカーや工務店の設計施工による新築の戸建て住宅のほとんどは4号建築物となっています。

注1：手続き上、構造計算書の書類の添付が不要なだけで、構造計算や構造的な検討そのものが不要になるわけではないので要注意。建築士であれば資格を持っているので構造的な検討もきちんと設計するはずだ、という前提でつくられている制度であることに留意する必要があります。

▌木造3階建て住宅の特殊性

逆に4号ではない住宅は、手続きも多く、規制も厳しくなります（表1）。木造3階建て住宅は「2号建築物」と呼ばれ、昔は準防火地域や防火地域では建てることができませんでした。1987年の法改正で準防火地域であれば木造でも3階建てを建てることができるようになりましたが、延焼を防ぐため準耐火建築物という高い防火性能を持った建物にする必要があります。

また、構造計算上も火災による倒壊を一定時間防ぐために、「防火上有害な変形、亀裂その他の損傷を生じないこと」が計算によって確かめられなければならないとされており、これによって通常の木造の構造体より梁や柱を大きくする必要がある場合が多くなります。

上記の準耐火性能や、構造規定を満たすには、いずれも木造2階建ての建物よりコストが多くかかるため、東京、大阪の都心部のように地価が高く、狭小な敷地しか確保できない場所以外ではあまり採用されません。

そのため、1987年の法改正後でも、木造3階建て住宅は、全住宅の着工戸数の5%程度にとどまっています。また、木造3階建て住宅は、主要構造部 ➔ p.73

表1　一般的な木造住宅と木造3階建て住宅の比較

	木造3階建て住宅	一般的な木造住宅 （2階建て）
建築基準法上の区分	法第6条第1項第2号	法第6条第1項第4号
構造計算書の提出	要	不要 （ただし建築士の設計による）
構造図の提出	要	不要 （ただし建築士の設計による）
構造体の規制	詳細な規定あり	基本的な性能規定のみ
構造体の木材	構造計算書にて指定する	特に規定なし
準防火地域での建築	準耐火構造にする必要があり、 構造体を被覆しなければならない	屋根・外壁・開口部の規定さえ 守れば比較的安価に対応可能

を半分以上改修する場合には、建築基準法上「大規模の修繕／模様替え[注2]」という行為に該当し、確認申請の提出が必要になります。4号建築物の場合は大規模の修繕／模様替えを行っても確認申請の提出は不要なので、木造3階建て住宅は、戸建て住宅の中でも特殊なものであると言えます。

この事例はそのような木造3階建て住宅の改修でした。

申請不要でも、構造規定は確認必須
——2か所の入口を設けるための構造改修

この事例のオーナーは、転居前は自営で器と雑貨の販売店を営まれていて、この物件に転居するにあたって自宅兼店舗にしたいということでした。

物販店舗なので、お客さんが入りやすいように1階の道路に面した部分に入口を設けたいのですが、元は戸建て住宅なので、入口は1つしかありません。今回店舗付き住宅にするにあたっては、店舗用と、自宅住居用の2つの入口が必要になりました。

敷地は図2（次頁）のように台形で、建物もそれに合わせて台形になっており、入口は道路から少し奥まったポーチ部分にありました。1階部分の図面左側はピロティの駐車場になっています。そこで、計画案としては店舗の入口を元々あった入口のほうにし、住宅の入口を駐車場の奥につくることにしました。

住居用の入口を新たにつくるためには少し構造的な工夫が必要でした。

建築基準法では、地面から上がってくる水分によって、土台や床に腐食やシロアリが発生することを防ぐため、最下階（通常は1階）の居室の床が木造の場合、床下をコンクリート等で覆うか、特別な工法を使うほかは、地盤面から450mm以上上げないといけないとされています（図3）。

この事例の住宅はべた基礎[注3]でしたが、駐車場から基礎が400mm立ち上がっていました。そのため、図面（図2上）の位置に入口を設ける場合、この400mmの段差を解消しなければなりません。基礎を壊さないと、段差を乗り越

注2：建物の主要構造部（柱、梁、壁、階段等）の過半について行う修繕、または改修のこと。
注3：底板一面が鉄筋コンクリートになっている基礎のこと。床下がコンクリートで覆われるため、基礎の立ち上がりは300mm以上あればよいとされています。

第1章　居住用施設への改修　　85

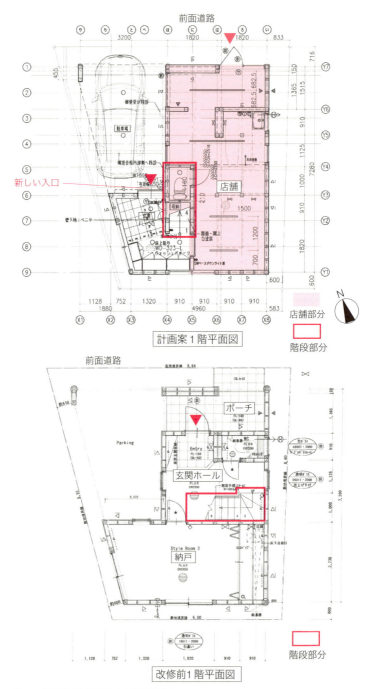

図2　改修前と計画案の1階平面図

86　第Ⅲ部　事例編

えて入ることになってしまいます。しかし、単に基礎を壊すだけでは建物を支える上で最も重要な基礎部分の耐力が足りなくなってしまうため、図4、5のように玄関ドアの下の部分だけ、垂直方向の基礎を、建物内側のほうに太らせる扁平な基礎につくり変えることで、改修前と同等以上の耐力が保たれるようにしました。

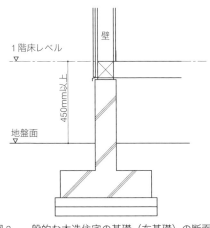

図3　一般的な木造住宅の基礎（布基礎）の断面図

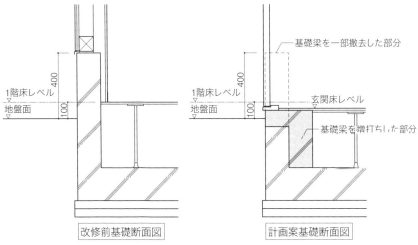

図4　変更前後の基礎周りの断面図

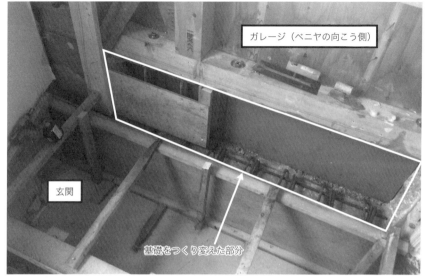

図5 つくり変えた基礎部分

改修にあたって動線を整理 —— 大規模な修繕／模様替えにあたるかを確認

 もう1点、店舗になると既存図（図2）の位置に階段があるのは使い勝手が非常に悪いので、階段を移設しました。

 冒頭にも述べた通り、木造3階建て住宅の場合、主要構造部を過半以上改修する場合には大規模の模様替えの確認申請が必要になります。しかし、今回の計画では改修した部分が階段全体の過半を超えない[注4]ため、大規模の模様替えに該当せず、確認申請の提出は不要でした。

 今回の物件は比較的小規模な物件でしたが、木造3階建ての2世帯住宅のような比較的大きな物件は、生活スタイルの変化によって間取りや階段の位置を変更したり、時にはホームエレベーターを増設したりする場合があるかもしれません。階段位置をすべて変更したり、ホームエレベーターを設置するような場合には、木造3階建て住宅は確認申請が必要になります。大規模の修繕／模様替えの申請が必要となると、古い建物の場合、耐震改修に大きな費用が必要

注4：2階から3階の階段、塔屋に登るための階段は改修していないためです。

88　第Ⅲ部　事例編

となる場合もありますので、安易なリフォーム工事と考えず、予算やスケジュールをよく検討しておく必要があります。

▎適法性を担保する改修計画

今回の改修計画にあたっては、用途変更についても確認申請を提出していません。1階の店舗部分の面積が24.2m²と100m²（当時。2020年現在は200m²）以下のため、確認申請が不要なのです。

確認申請を提出しない場合、重要なのは、今回の構造上の工夫のように、どうやって法適合性を担保するかということになります。確認申請を提出しない場合の計画の留意点については番外編2の事例 ➜ p.132 でさらに詳しく述べたいと思います。

この章では、住宅の事例を3事例見てきました。このような小規模な物件ですら、用途を変えたり、間仕切りを増やしたりといったことを計画すると、これだけいろいろな検討が必要になったり、下手をすると消防や行政から違反是正の指摘を受けて、裁判を引き起こす事態にまで発展するものなのだということを理解していただき、自身の物件の計画の糸口に利用してもらえればと思います。

第1章　居住用施設への改修　89

第2章

福祉系施設への改修

—— 保育園、老人福祉施設、障害者支援施設等

　第2章では、行政による開業認可の必要な用途で、かつ社会的にもニーズの高い、福祉系施設（保育園、デイサービス、障害者支援施設）などの用途へ改修する際に必要となる手続きと、その流れを解説していきます。

　これら福祉系施設の用途は、現在たくさんのニーズがあるにも関わらず、ハード面の整備が整わないことが理由で開業できないことが多くなっています。

　建築基準法では、福祉系施設は「児童福祉施設等」という用途に分類されます。「児童福祉施設等」には、児童福祉法に定める保育園や学童保育所等の、文字通り児童福祉施設のほか、身体障害者福祉法や、精神保健及び精神障害者福祉に関する法律、知的障害者福祉法に基づく障害者支援施設、老人福祉法に基づく高齢者施設等が含まれます。

　これらはすべて建築基準法上の「児童福祉施設等」にまとめられ、同じ規制がかかり、不特定多数の、かつ避難が困難な入居者を収容する施設として、消防法の規制も厳しいものとなっています。また、バリアフリー法の規制でも、法的には延べ面積2000m²以上の物件が対象になっているものが、都道府県の条例等では、すべての規模の施設が適用対象とされているなど制限が厳しくなっている場合が多く、ハード面で整備しなければならない項目の多い施設となっています。

　確かにこれらの施設は避難弱者や障害を持った方を入居させるため、一定の配慮が必要なことは間違いありません。しかし、視覚障害者のための施設なの

90　第Ⅲ部　事例編

に採光規制がかかってきたり、精神障害者用の施設なのに車いす対応が求められたり、健常者の子どもでも1人ではトイレに行くことができない幼児用の保育園に、多目的トイレが必要とされるなど、これらの施設が1つにまとめられていることによって、やや過剰な施設整備注1が求められる場合もありました。

当社に寄せられる相談事例から判断すると、小規模の福祉事業者は新築で建物を建てる資力がなく、また都心部では土地もあまりないので、基本的には既存の建物（または建物の一部）をテナントとして借りることになります。この章では、テナントとして物件を借りて福祉事業を行う際に、どういった物件を選ぶべきか、建物の法律の観点から述べていきます。

まず、前章までで述べたように検査済証の取得の有無、そして福祉系用途の特徴として採光規制がクリアできるかどうかが大きなポイントとなります。福祉系施設では入所者がメインで利用する居室、たとえば高齢者施設だと機能訓練室や食事室、保育園だと遊戯室等は、その室の面積の1/5以上の採光上有効な開口部（窓）が必要になります。通常、店舗や事務所では採光規制はかからないため、それらを用途変更して福祉系用途にしようとすると開口の大きさが足りなくなる場合があります。

また、自治体の条例によって違いはありますが、通常は福祉系施設の用途部分からの2方向避難が必要になります。具体的には施設内にメインの出入口に加え、もう1か所外に出るための扉が必要になります。

上記2点の開口部に関する規制は、もし要件を満たしていなかった場合にはサッシの改造や壁に穴を空けるなど非常に大きな工事が必要になるので、オーナーの了承を得ることが難しい場合が多く、また費用もかかるので、まず注意しなければなりません。

また、高齢者施設や20人以上の中規模以上の保育園ではバリアフリー法の

注1：2016年6月に国土交通省がバリアフリー法に関しては各都道府県に合理的な運用を求める通知を出しました（国住指第484号）。東京都ではこれを受け、東京都福祉保健局が弾力的な運用を進める方針を打ち出しています（28都市建企第252号）。横浜市もこれに追従する動きを見せています。
（参考）横浜市建築局「保育所等に関する福祉のまちづくり条例第24条の許可について」
http://www.city.yokohama.lg.jp/kenchiku/shidou/kenki/kenki/jourei/barrierfree/kyoka/hoikusyo.html
（2017年4月1日作成、2018年6月21日閲覧）

規制がかかる場合があります。

　この場合、出入口に段差がある場合には床を削ったり、2階以上のテナントの場合はエレベーターを改修する必要が出てきたり、施設内に多目的トイレを設けたりする必要があり、これらもかなりの費用を要することになります。物件の状態や、事業の規模によって要件が変わり、これにより整備するための費用も変わることが多い業態であると言えます。

　そのほか、障害者施設や保育園の事業で、行政から補助金を受ける場合には、スケジュールや工事業者の選定に注意が必要です。補助金を受ける場合、工事は公共事業扱いになるので、見積りは入札になり、工事業者は入札参加資格業者である必要があり、入札のスケジュールも行政の決めた予定に合わせなければならない場合が多いためです。

　これらの事業をこれから始めようとする場合には、ハード面の規制や手続きも多く、スケジュールや業者選定も自由が利かない業態であるという認識を持っておく必要があります。事例2-1の保育園では入居できる場所が見つかるまでに、5物件もハード面の条件が合わずに見送りました。それほど福祉系施設の条件に合う物件を見つけることは難しいのです。

　そのため、この章では物件の選び方をはじめとする重要なポイントを、第Ⅱ部のステップごとにできるだけ分かりやすくまとめました。他の事業者の事例を参考に、ご自身の事業に役立てていただければと思います。

事例 2-1

宝石店 ➡ 保育園

さまざまな規制を乗り越えて、保育施設を開業する

#用途変更 #特殊建築物 #児童福祉施設等 #異種用途区画 #バリアフリー法
#開業認可 #テナント

　待機児童対策のため不足している保育施設の新設が急務であると言われる中、建物の法律がハードルとなり、開業できる物件が少ない現状があります。

　この事例では保育施設に特有の、建物に必要な整備内容を挙げています。また、続くコラム1では事例2-1のテナントに至るまでにNGとなった物件をその理由を挙げて見ていきます。保育施設開業の際にネックとなるポイントを押さえ、開業可能な物件の見分け方と整備の仕方を知っていただければと思います。

☞ チェックポイント

✓ 開業には行政の認可が必要。認可の条件を確認したか？

✓ 採光規制はクリアできるか？

✓ バリアフリー法の規制はクリアできるか？

✓ 補助金取得の条件をスケジュールも含めて把握しているか？

✓ 水回りや配管スペースは確保できるか？

事業データ

竣 工 年	1987年	構 造	鉄筋コンクリート造
所 在 地	東京都武蔵野市	階 数	地下2階、地上8階
用途地域	商業地域	最高高さ	13.7m
その他の規制	絶対高さ制限50m、防火地域	耐震基準	新耐震
延べ面積	約1万9260m²（うち用途変更部分84.80m²）	確認済証	取得済
既存用途	物販店舗	検査済証	取得済
計画用途	児童福祉施設等（保育園）	工事期間	2015年8月〜2015年10月
		工事金額	1150万円（税込）

第2章　福祉系施設への改修　　93

図1 完成した保育園（上）(撮影：孤塚勇介)、改修前の様子（下）

STEP 1 事業の背景
―― 保育施設の開業にはさまざまな規制が…

保育施設の入居可能な物件が少ない！

　待機児童の問題は社会的な関心も高く、開設が望まれる保育施設ですが、なかなか問題の解決への道筋がつきません。保育士の確保の問題や、地域の反対など、保育事業に関するものも一部ではあるかもしれません。しかし、私たち

は、保育施設として求められる建物の基準についての理解が、社会的に浸透していないことも問題の1つであると感じています。

　私たちの会社にも、保育事業に社会的な意義を感じ、やる気があって保育施設を開設したい、という事業者からたくさん問い合わせをいただきます。彼らは皆聡明で、認可事業であることを理解し、さまざまな手続きを経て開業に至ることも知った上で、生半可な覚悟ではなくこの事業にトライしようとしています。しかし、問い合わせをしてきてくれた方に、「この物件では開設が難しい」というお話をしなければならない場合が非常に多いです。

　なぜでしょうか。

　彼らは保育事業については認可に必要な条件や、保育士の確保の仕方、園児の募集の仕方など、とてもよく勉強されていて、それらに適した入居物件の選定をしています。

　彼らの意見を聞いていると、特に都市部では地価が高く、事業の収支を考えると新築で新たに保育施設を建てるという選択はハードルが高いそうです。そのため、イニシャルコストの負担の少ない既存建物にテナントとして入居するケースが多いそうです。

　しかし、保育施設は、児童福祉法、建築基準法、都市計画法、バリアフリー法等の「建物の法律」によるさまざまな制限がかかってきて、それらをすべてクリアできる物件が少ない用途となっています。保育事業についてはかなり詳しく把握している方でも、建築基準法やバリアフリー法の規制の内容まで完璧に把握することは不可能で、せっかく見つけてきた物件がそれら「建物の法律」の内容に適合しないのです。

　そこで、開業のハードルとなる「建物の法律」の概要だけでも知っておけば、物件選定の条件をある程度絞ることができるようになります。この事例の物件も、計5件の物件を断念した後、ようやく見つけた開業可能な物件でした。具体的にどのような点がハードルとなるのかを、断念した物件、開業できた物件を通してそれぞれ見ていきましょう。

　私たちにこのプロジェクトの計画をご依頼をいただいたC社は、創業したば

かりの会社で、武蔵野市内、できれば吉祥寺駅か三鷹駅近辺で保育園を開業したいというお話でした。非常に勉強熱心で、建築基準法上の、用途変更の確認申請 ➡ p.52 のこともすでにご存知でした。また、開業初期はそれほど大きな施設は考えていないとのことで、用途変更の確認申請が不要となる 100m² 以下（当時。2020 年現在は 200m² 以下）の物件で、保育施設の開設の際にネックとなる「建物の法律」のポイントをある程度押さえた物件を探しておられました。

しかし、武蔵野市の子ども育成課[注1]と建築指導課の見解としては「保育所はバリアフリー法に適合させないと認可はできない」ということで、どんなに狭いスペースであっても多目的トイレが必要という指導を受けた[注2]そうです。採光規制の内容についてもある程度聞いていたそうですが、それらの規制の内容が複雑過ぎるので、自分たちで調べることに限界を感じ、建築士に依頼しようと判断されたようでした。

私たちにはホームページを通じて依頼をしてこられ、良い物件があるので、内見に立ち会ってほしいというお話でした。駅からも近くて、家賃も手頃だったので、「ここが法規制を満たすことができるのであれば、すぐにでも契約したい」ということでした。

STEP 2 地域の規制を確認する

保育施設[注3]は、都市計画法上はどの用途地域にでもつくることができます。しかし、産業振興地域等に指定されているエリアは注意が必要です。事務所や店舗等の商業系の用途を誘導しているエリアなので、保育施設をつくることができない場合があります。

また、法的な規制ではありませんが、狭く、車通りの多い歩道のない道路に面する場合には、建物の配置をよく確認する必要があります。朝の出勤前に登園が集中するので、保育施設の入口付近はベビーカーが渋滞を起こします。敷地に余裕がなく建物が道路に近いなど、入園待ちの列が道路にはみ出すような配置の場合には、その物件は見送ったほうがよいかもしれません。同じような理由でたとえ歩道が整備された広い道路の近くであっても、駐車場の入口付近

に建物の入口を設けるのは安全上好ましくないと言えます。

　その他、住宅地などでは近隣関係にも注意が必要です。都心部で建物が密集している地域では、時には訴訟[注4]に発展するトラブルとなる事例も起こっています。また、訴訟にまで至らなくても、近隣住民の反対で、開業を断念した例も多数あります。そのことの是非の判断は置くとして、保育施設を好まない住民が一定数いることを考慮し、良好な近隣関係を築く努力をする必要があります。

STEP 3 物件の内見開始
──しかしさまざまな条件から物件選びは難航…

　結論からお話しすると、C社が持ってきた最初の物件は児童福祉法によって定められた、東京都の施設整備基準を満たすことができずに断念することになりました。

　児童福祉法では各都道府県に保育施設の整備基準を定めるよう規定しています。東京都の施設整備基準では規模の大小に関わらず、保育施設からは2方向の避難経路を確保する必要があり、この物件は基準を満たすことができませんでした。

注1：武蔵野市で保育施設の開設認可を行う部署。認可を行う部署の名前は行政によって違うため、まずはどの部署が管轄しているか、市役所の代表窓口で確認する必要があります。
注2：2016年の国土交通省通達により、東京都や横浜市では小規模保育事業という3歳未満児を対象とした、定員が6人以上19人以下の少人数で行う保育施設については、建築基準法上の用途は「児童福祉施設等」ではなく「事務所」と同等の用途として扱うことになり、バリアフリー法上も適用義務のない施設として扱われるようになりました。
注3：行政によって、児童福祉法第何条の用途を保育施設として扱うかが違っているので、用途地域を管轄する都市計画課等に確認が必要です。また、幼稚園は学校教育法で定められた施設で、「学校等」の用途に該当し、用途規制が保育施設と違っている場合があります。
注4：2015年に東京都が環境確保条例の騒音に「子どもの声」を含まないと決定したことや、2017年に、保育園の近隣に居住する男性が園児の声などによって精神的苦痛を受けているとして慰謝料と防音設備の設置を求めて起こした訴訟の判決が、原告の全面敗訴に終わったことから、子どもの声は「無条件に騒音ではないと認められている」と考える方が多くなっています。しかし、東京都の環境確保条例も、裁判所の判断も、「受忍限度を超えるような音量であれば、子どもの声であっても騒音と認めるべきであるし、園は防音に対する相当の配慮が必要である」という考えを示しています。

第2章　福祉系施設への改修　　97

次の物件は、バリアフリー法の規制がネックになり断念しました。駅近くの好立地の物件でしたが、テナント区画が2階にありました。保育施設は、最近は少し緩和傾向にありますが、自治体によっては規模を問わずバリアフリー法の適用を求められる場合があり、2階のテナントの場合は道路から車いすで段差なくアプローチできることが求められます。既存建物は段差があり、改修もできなかったため、この物件も見送ることになりました。

　3つ目の物件は、建築基準法による採光規制 ➜ p.113 をクリアすることができず、断念することになりました。

　その後新たに2つの物件が候補として出てきましたが、それぞれ道路からの段差と採光規制をクリアできず見送りました。

　これらの条件の他に、行政によっては用途変更の確認申請の要否に関わらず、「検査済証を取得していること」「新耐震であるか、旧耐震の場合は耐震診断を実施し、IS値[注5]が一定の値を上回っていること」等の建物に関する独自の指標を定めている場合があり、それらをクリアしないと認可を取れないので、物件選定の段階でそれらもチェックしておく必要があります。

　これら保育施設の物件選定の難しさについては、コラム1 ➜ p.108 に詳細を書きましたので、あわせて読んでいただければと思います。

　最後にたどりついたのが、「すごい物件が出てきました！」と言われて見に行った、あるホテルの1階の、元は宝石店の物件でした。物件は非常に大きな規模のホテルのテナントエリアの一画で、バリアフリー法でネックになる道路から敷地の間の段差がありませんでした。多目的トイレについても、2階のフロント部分に設けてあり、そこには車いす対応されたエレベーターを使えば、テナント区画から段差なく到達することができました。採光規制も問題なくクリアできました。そのため、ついに「この物件でいきましょう」ということになりました。

STEP 4 保育施設は QCD のうち
特に C(補助金)と D(スケジュール)の確認を!

▌補助金申請には、募集地域、スケジュール、業者の資格の確認を

　保育施設の開設に関して他に重要な点としては、認可施設の場合は基本的に施設開設が4月1日になることです。スケジュールがとても重要なのです。特に行政から補助金の交付を受けて開設しようとする場合、スケジュール管理がより複雑で、関係者もより広範になります。

　まず補助金の申請をしようとする場合は、開業を予定しているエリアが、行政の指定する保育施設の「整備が必要な地域」に指定されているか確認する必要があります。「整備が必要な地域」は周辺に認可、認可外を問わず保育施設が少なかったり、大規模なマンションが再開発されて人口が増えたりといった、保育施設が不足している、あるいはこれから不足することが見込まれると行政が考えている地域のことです。

　保育施設の整備はどの行政も重要な課題として捉え、一定の予算をつけていますが、予算に限りがあるので、これらの「整備が必要な地域」に重点的に予算が配分され、補助金が出されます。そのため、この地域に指定されていないと、そもそも認可保育所として認められないなど、事業計画に大きな影響を及ぼすことになります。

　ここまで述べてきたように、保育施設の条件をクリアする物件を見つけるのは非常に難しいので、補助金申請を前提に事業を考えている場合には、物件候補の選定をこの地域に絞って探すようにしないと、せっかく条件に合う物件を見つけても収支が合わずに開業することができない、といった事態に陥ってしまいます。

　さらに、行政のお金を使って工事を行うので、補助金申請を伴う施設整備は

注5：耐震改修促進法で定められた、耐震指標の判定基準のこと。耐震診断により建物の強度や粘りに加え、その形状や経年状況を考慮して算定します。一般に 0.6 以上の数値が出れば、「必要な耐震強度に対し 100％の強度を持っている」と判定されます。

第2章　福祉系施設への改修　　99

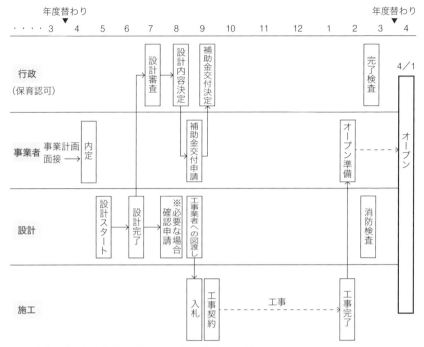

図2 改修工事の保育施設開設フロー（1次募集の場合）

　公共事業的な色合いを帯び、工事業者の選定には複数社による入札→落札というプロセスを経なければならない場合が多いです。補助金の対象とすべきか検討する設計内容の審査もあり、場合によっては近隣説明会等を行う必要も出てきます。

　また、入札に参加する工事業者は、届出を行う市区町村の入札参加資格を持った業者であったり、その自治体に主要な事業所を置く業者であることを要求される場合が多いです。もし懇意にしている工事業者等があれば、できるだけ早い段階でその市区町村の入札参加資格の取得を促すとよいと思います。それでも入札参加資格者の募集は年に1度程度、場合によっては隔年で、募集時期も決まっている場合が多く、スケジュールによっては、その業者にお願いするのを諦める必要も出てきます。また、入札にはだいたい3社程度に見積りを依頼しないといけませんので、複数の工事業者候補の選定も早い段階で進めてお

く必要があります。

　図2に見るように、最も一般的な保育施設の開業スケジュールである1次募集注6のタイミングでは、保育施設の事業計画の内定が大体オープン1年前の4月頃には出ますので、内定をもらったらすぐに設計会社と契約して設計を進めてもらい、全体のスケジュール感を押さえておく必要があります。また、この時期に設計会社に、物件の規模に応じた工事業者の候補を早めにリストアップしてもらうようお願いしておくとよいでしょう。

　その他、用途変更の確認申請が必要になった場合には、申請用の図面作成期間も含めると確認申請に2か月程度かかります。4月オープンの準備や、各種検査等の時間も考えると、工事は遅くとも2月下旬頃には完了していることが望ましいです。行政手続きに沿ったスケジュールで進めると、7月中頃に設計完了し、そこから確認申請用の図面の作成を始めると、申請提出は8月初旬、確認済証受領が9月中旬頃になります。正月休みを考えると工事期間は4か月程度。通常の内装工事のみであればこの期間で大丈夫だと思いますが、防火区画や排水の工事などステップ5で見るようにテナント区画部分以外を工事する場合、ビルオーナー側の工事業者にお願いしなければならない場合も出てきます。

STEP 5 プランニングは法的要件の整理から

▌まず検討すべきは水回り

　保育施設には、先述の施設整備基準等によって、さまざまな水回り設備の設置が義務づけられています。たとえば、調理室、トイレ、手洗いが必要になります。また、法的に求められていませんが、運用上洗濯機と汚物流し注7も必要

注6：自治体は認可事業を募集するにあたって、認可保育園の場合は、整備が必要とされる地域にまず開園の前年度の4月頃に事業者を募集（1次募集）し、それでも集まらなかったエリアに2次募集、3次募集をかけて事業者を募集していきます。

注7：2歳以下の子どもは基本的に自力で排泄行為ができないため、園内でオムツの交換を行います。そのため、交換時にオムツに残った汚物を下水道に排出することができる汚物流しと呼ばれる排水設備が必要となります。

第2章　福祉系施設への改修　101

になります。

　既存建物を改修するにあたって設備の計画に特に注意を要するのが水回りの排水計画です。なぜなら図3のように、排水だけは自然勾配で接続する必要があるからです。

　もし、下階の天井裏が使えない場合や、そもそも1階で地下がない場合、排水するための配管スペースを床上げしてつくらなければなりません（図4）。

　また、近くにパイプスペースという配管スペースがない場合はテナントとし

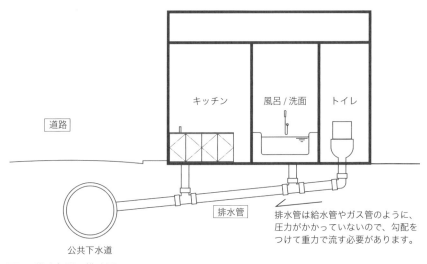

図3　排水勾配の模式図

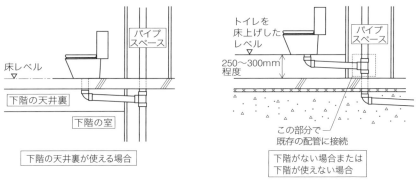

図4　下階と排水の関係

て借りる部分の外側の床を上げないといけないなど、厄介な問題が発生します。

今回は近くに適当な配管スペースがありませんでしたが、地階があり、条件がそろえば天井裏で配管ができそうでした。

区画の直下を確認すると、一部が電気室になっていました。電気室は万が一配管から水漏れした場合に漏電や停電の恐れがあるため、天井裏に排水管を通すことができません。しかし、電気室ではない共用廊下の部分は天井裏で配管を接続することができそうでした。

しかし、水回りをすべて地階の共用廊下部分の上に配置することは不可能だったので、トイレの床だけを上げ、そこで室内の排水管をまとめて地下に落とすことにしました。そのため、トイレを設ける位置がプラン上決まってきました。

限られたスペースに保育施設をつくるポイント

水回りの他にも、保育施設には児童の体調が悪くなった時のための静養室と事務室が必要です。また、児童を保育するための居室は2歳未満が1人あたり

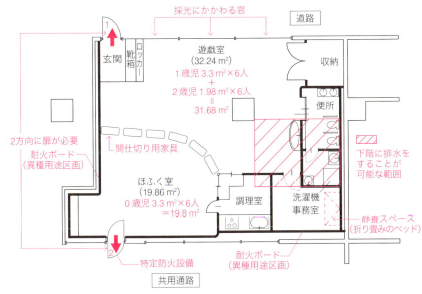

図5　計画案平面図

3.3m²、2歳以上が1人あたり1.98m²と面積が決められていて、かつハイハイしかできない0歳児用のほふく室と立って歩くことのできる1、2歳児用の遊戯室は、壁か、もしくは幼児が動かすことのできない家具等で区画しなければならないのです（図5）。この面積は壁芯注8ではなく、壁の厚みや固定式家具を除いた有効面積で取らなければなりません。さらに、子どもの荷物を置くための棚や、靴箱等の家具、遊具等を収納する倉庫も必要になります。その上、遊具や荷物を収納する動作は、保育や教育の一環なので、園児が使いやすく、かつ保育士の方が指導しやすい配置、形状としなければなりません。

これに加えて2方向避難を確保するための動線が必要になり、これらをわずか100m²未満のスペースに効率良く配置するのは非常に大変です。そのため、建築の専門家ではない事業者が、これらをすべて物件の内見の時にレイアウトしていくのは不可能です。しかし、

・採光を確保できるか

・2方向避難が確保できるか

・水回りの排水を確保できるか

この3点は保育施設の成否を決めるくらい大きなポイントとなるので、物件契約の前によく確認をしておく必要があります。専門家ではない事業者の方から見れば、

・ピロティになっていたり、道路に面していなくて明らかに暗い物件となっていないか

・ドアが2方向にあるか。なければサッシなど扉に変えられそうな部分があるか（カバー工法 ➡ p.210 で対応可能ならローコストで改修可能）

・既存のテナントに水回りがあるか。なければ間取り図に隣の区画か共用部に面した配管スペースがあるか

という点を見てもらえるとよいと思います。

また、東京都、神奈川県では弾力的な運用になってきていますが、小規模事業所でもバリアフリー法を適用する自治体もあるので、適用の有無と、適用される場合はバリアフリー対応可能かを確認する必要があります。

今回の物件はテナント区画外にバリアフリー対応のトイレがありましたが、

これがなかった場合には児童用のトイレとは別に車いすやオストメイト対応のトイレをテナント区画内に設ける必要があり、また、それらの排水の経路が取れない場合は床を上げる必要が出てくる可能性も高くなります。そうすると段差が生まれるのでスロープで解消する必要が出てきます。保育施設の要件だけならギリギリ満たすことができても、多目的トイレとスロープが必要になったら、この物件での計画は成立しなかったでしょう。

用途変更する場合には異種用途区画にも要注意

物件の面積は当初の想定通り、100m² を下回る 84.8m² なので、用途変更の確認申請はいらないのですが、ホテルの1、2階部分は物販フロアで、他のテナントがすべて物販店舗でした。そのため、保育施設の部分と異種用途区画が必要になりました。

異種用途区画とは、建築基準法に規定される防火区画の1つで、防火上特に配慮が必要な用途[注9]とその他の用途部分が混在する場合、それらの違う用途同士の間を防火区画するように定められています。今回、元の宝石店の用途（＝物販店）から保育施設に用途変更されると、物販店舗部分と異種用途区画が必要になるのです[注10]。

この異種用途区画には求められる防火性能が異なる2種類の区画がありますが、今回の事例で適用されたものは、より要件の厳しいほうの区画で、これは建築基準法で規定された防火区画の中で最も求められる防火性能が高いものです。

注8：建築基準法上の面積算定の基準となる壁の中心線のこと。RC 造であれば壁の中心線、鉄骨造であれば下地鉄骨の中心線、木造であれば下地間柱の中心線等が壁芯になります。
注9：この「防火上特に配慮が必要な用途」とは、
　　・木造建築物等で外壁等に防火上の措置をしなければならないとされている建築物の要件（令112条12項）と、
　　・耐火建築物等にしなければならないとされている建築物の要件（令112条13項）
　　と同じとされています。これらは、それぞれ防火上の観点から配慮が必要とされている用途や規模を定めているためです。
注10：2階の物販店舗部分が 500m² 以上あるため、準耐火建築物としなければならない建築物の要件に該当し、用途変更された保育施設は「その他の用途部分」という扱いになります。なお、2019年12月11日に公布、2020年4月1日に施行された改正建築基準法施行令で、自動火災報知設備等の警報設備を設置することなどにより、ホテル・旅館、児童福祉施設等、飲食店、物販店については同一階の場合には、異種用途区画を設けることが不要になりました。

第2章　福祉系施設への改修　105

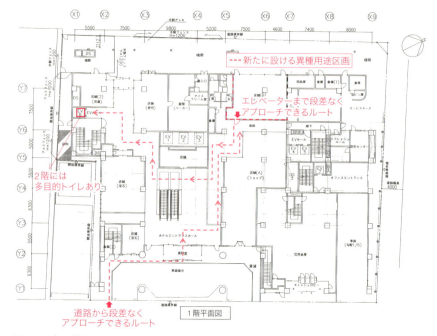

図6 既存1階平面図

　この異種用途区画としての性能を確保するためには、壁は耐火構造の壁とし、開口部は遮煙性能注11 を持った特定防火設備注12 とする必要がありますが、既存建物の壁や建具を交換すると非常に大きな工事となるだけでなく、原状回復時にもコストがかかってしまいます。そこで、少し面積的にはロスしますが、既存の壁はそのままにして、内側に片面張りの耐火ボードを施工しました。

　また、ガラスのサッシとなっていた共用通路側にも、内側に耐火ボードを施工することにしました。出入口の部分は特定防火設備とし、内側からその扉を開けると既存のサッシの扉がある、という構成にしました（図5）。つまり、二重扉になっていて、職員がトイレを利用する時以外はこの特定防火設備の扉は閉まっているのです。これにより、保育施設の施設整備基準による2方向避難も確保できるようにしています。

まとめ ── 長い目で収支を考え、規制や条件をクリアしよう

　ここまで見てきて、保育施設の開業までにはさまざまな手続きを経て、かつ

多岐にわたる法律、条令等の規制をクリアしなければならないことを理解してもらえたかと思います。

　保育施設に携わったことのない方は、小規模な物件ですら1年以上前から手続きを始めなければならないということに驚かれたと思います。オーナーや不動産仲介会社の方は、その間空き物件として押さえておくことは難しい、と感じられたかもしれません。

　しかし、保育施設は運営に関わるランニングコストにも補助が出る場合があり、一度地域のニーズをつかむことができれば長い間入居することができる良好なテナントとしてオーナーと良い関係を築かれている事業者が多いようにも感じます。

　オーナー、仲介会社、テナントそれぞれの立場で、保育施設がどういった事業所なのかを理解し、長い目で収支を考えていくことが、保育施設の開業・運営を円滑に進めるにあたって重要なことではないかと思います。

注11：火災時に煙が区画外に流出するのを防止するために必要とされる性能。たとえばドアの場合、上下左右の枠と扉の召し合わせ（建具同士の重なり）が必要となります。

注12：通常の火災による火熱に対して、1時間はその加熱面以外の面に火を出さない性能の防火設備（建具）のこと。開口部に要求される性能で、最も高い性能の防火設備です。

第2章　福祉系施設への改修　107

コラム1　保育施設の「建物の法律」3つのポイント

■ より安全な避難経路を確保する

　事例2-1でご紹介した保育施設の物件選びについてもう少し掘り下げてみたいと思います。というのは、本文でも記載した通り、保育施設は「建物の法律」の規制が多く、他の用途なら可能でも保育施設であるために入居できないという物件が多々あるからで、物件オーナーの立場でもテナントの立場でもどういう内容で入居ができない場合があるのかを知っておいたほうが良いからです。

　事例2-1でも見た通り、保育施設の「建物の法律」で特に大きな条件となる

保育所敷地内からの最終的な避難先が同一公道であるが、建物からの非常口が10m以上離れており、2か所の公道への最終的な避難位置が10m以上離れている。

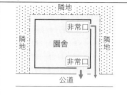

2か所の公道への最終的な避難位置が1か所に集中して設けられている場合は、利用の実態上、1つの出口の機能しか持たないため、安全な避難が確保されない。

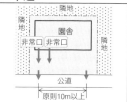

公道への最終的な避難位置は10m以上離れているが、建物からの2か所の非常口が1か所に集中して設けられている場合は、利用の実態上、1つの出口の機能しか持たないため、安全な避難が確保されない。

（保育所が1階にある場合）

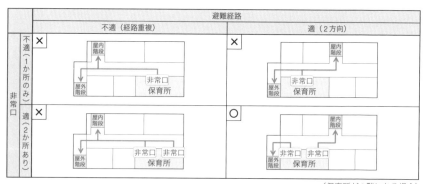

（保育所が2階にある場合）

図1　2方向避難の考え方（出典：東京都福祉保健局少子社会対策部保育支援課『東京都保育所設備・運営基準解説』（2017年6月））

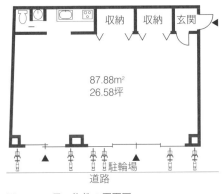

図2　1つ目の物件の平面図

図3　道路側の出入口前が自転車置場になっている

のは、

①2方向避難

②バリアフリー

③採光規制

の3つです。C社の方が見て回った物件は、いずれもこれらの条件にぶつかってしまうものでした。

C社の方がまず最初に見に行った物件は、「東京都における認可・認証保育所の避難路に関する考え方」で示された避難経路が確保できず、契約を断念することになりました。

保育施設には、先に述べたように児童福祉法によって施設の整備基準が提示されています。しかし、法の規制の内容だけではなく、都道府県の条例で施設整備基準を定めること、とされています。東京都の場合は国が定めた「児童福祉施設の設備及び運営に関する基準」に基づき、「東京都児童福祉施設の設備及び運営の基準に関する条例」を定めています。その条例の中に、「都における認可・認証保育所の避難路に関する考え方」という基準があります。

この基準の規制内容は、建築基準法で要求される2方向避難よりも厳しく、1階であれば原則2か所扉が必要で、それも10m以上離れている必要があり、また、2階以上の場合はそれら2つの扉からそれぞれ別々の階段へ避難できるようにする必要があり、その経路は重複してはならないとされています。

第2章　福祉系施設への改修　　109

今回の物件のような 100m² に満たない小規模なものでも、外に出るための出入口が 2 か所以上必要なのです。出入口を複数設けるということは、そこに至る動線も確保しなければならないので、どうしてもレンタブル面積^{注1}が少なくなります。そのため、都心部のような地価の高い地域では、このような小規模な物件だと、なかなか複数の出入口を持つような物件は多くありません。どうしても出入口が確保できない場合はカバー工法 → p.210 を用いて既存のサッシを改修する方法もありますが、コストやオーナーの同意等ハードルが高いと言えます。

C 社の方はその規制についてはご存知で、物件としては出入口が 2 か所確保されたものでした。しかし、道路側の出入口の前が自転車置場になっていたため、避難上支障があるということで市の子ども育成課から許可が得られませんでした。

■バリアフリー法の規制がネックに

次に見た物件は、駅からも近く好立地でしたが、2 階にある物件でした。この物件はバリアフリー法の規制がネックになりました。

バリアフリー法は、正式名称を「高齢者、障害者等の移動等の円滑化の促進に関する法律」と言い、高齢者や障害者の方が、自立した日常生活を送ることができるように、建築物等について、手すりやスロープ、多目的トイレ等のハード面を整備することを求めた法律です。法の規制では、建築物の場合は 2000m² 以上の一定の用途の建物についてこれらのハード面の整備を行うことが義務づけられています。さらに、都道府県の条例で条件を付加することができる、とされていて、東京都で保育施設の用途には、当時面積に関わらず適合義務が発生していました。

バリアフリー法が適用される用途は建築基準法上の児童福祉施設 → p.90 と同じとされていて、また整備内容は施設の種類を問わず、法に定められた規制についてすべて適合させる必要があるため、2 階に保育施設を設ける場合にはその部分まで車いす利用者や、視覚障害者も「自立した円滑な」利用ができるようにしなければなりません。「自立した円滑な」利用とは、具体的には 2cm

以上の段差があればスロープを設けて解消する必要があり、上下階の移動には車いす利用者対応のエレベーターを設置しなければならなくなります。

今回の物件の元の用途はマンションと事務所の複合用途の建物であったので、バリアフリー法の適合義務は発生しておらず、これらの対応がされていませんでした。

基準に適合させるために必要な内容で、今回特に難しかったものとしては、

1 道路と敷地の間にある5cm程度の段差を解消しなければならない。

これについては、道路を上げることはできないため、敷地内の床を一部削り、勾配1/12以下、幅140cm（東京都の場合。バリアフリー法では120cm）以上のスロープにしなければなりません。また、スロープには手すりを設けることが求められます。

2 視覚障害者誘導用ブロックを敷設しなければならない。

適切な勾配のスロープを設けた後、その部分に視覚障害者用の警告ブロック（点状ブロック）を設け、さらにそこからエレベーターまでの間と、エレベーターを出た2階の廊下にも誘導ブロック（線状ブロック）を設ける必要があります。金額的には施工費を含めても1枚数千円程度なので、十数万円程度で済むものですが、意匠的に設置を嫌がられる場合も多いので、テナントとして入る際に設置が必要となったら、必ずオーナーと協議をしなければならないものの1つです。

3 エレベーターを車いす対応にしなければならない。

まず前提として、車いすが旋回できるように、かごの奥行が135cm以上であ

警告ブロック

誘導ブロック

図4　視覚障害者誘導用ブロック

注1：延べ面積に対する廊下等の共用部を除いた貸し面積のこと。一般に家賃が取れる部分とイコールであるため、この面積が多いほど収益性が高くなります。

ることが求められます。また、ドア脇にある縦型の操作盤には階数、行先の表示をし、側面の低い箇所に車いす利用者でも利用できる高さの副操作盤を設けなければならないとされています。今回の物件ではたまたまそれらの条件は満たしていました。

仮にこの条件を満たしていない建物であった場合には、操作盤等の設置は古いエレベーターだと数百万円程度かかることもあり、かごの奥行寸法を満たしていなかった場合には、そもそも設置が無理なことが多いので、これも早期に確認が必要となる内容です。

今回の建物は車いす利用者が後ろ向きに入る場合でも確認しやすいようにするための鏡と、手すりが設置されておらず、これらを追加で設置する必要がありました。

4 2階の貸室部分と廊下との間にある10cm程度の段差を解消しなければならない。

ドア枠を下げることは非常に困難なため、共用廊下にこの段差を解消するためのスロープを設ける必要がありました。これも費用自体は数万円程度でできるものですが、共用廊下に異物を置くことに対して他の利用者との関係から難しい場合も多い内容となります。

1〜**4**いずれもテナント利用部分以外の共用部を改修せねばならず、また、**1**の段差解消については工事の費用として100万円以上は確実にかかることが分かっていたため、この物件は難しいと思われました。

しかし、オーナーがこういった要求に対してどういうリアクションを示すか把握しておくことは以降の物件探しにもつながるため、まず上記の内容をオーナーの方に項目として挙げ、工事することについて許可がもらえるか問い合わせてみました。今後も保育施設や高齢者施設をテナントとして誘致する場合に必要となるので、この機会にまとめて整備してはどうか、という提案もしてみました。

しかし、結果はやはりオーナーとしてそのような工事を認めることはできないという回答でした。理由としては、法的に必要なものだということは分かるけれども、一テナントの要望によって共用部を変更することは他のテナントに

ついても禁止しているので、例外を認めることはできないということでした。

■ 福祉施設に付き物の採光規制

次の物件は、マンションの1階にある物件で、既存の用途は物販店でした。ここでは建築基準法上の採光規制がクリアできず、入居できませんでした。

採光規制とは、自然光を確保するための開口部（窓）の大きさについて定められたもので、居室の用途によって開口部の面積の割合が決まっています。児童福祉施設の保育室には、基本的に床面積の1/5以上の大きさの開口部を設けることが求められています。

この開口部の面積（有効採光面積）は、採光補正係数という係数をかけて計算しなければならないとされており、この係数が1より小さくなると、有効採光面積としては実際の開口部より小さく算定されてしまいます。

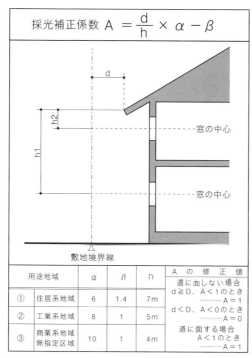

図5　採光補正係数計算における隣地からの距離dと開口中心高さh

第2章　福祉系施設への改修

表1　採光規制の対象となる建築物

	建築物の種類	対象	K ≦ $\dfrac{\text{有効採光面積}}{\text{居室床面積}}$	備考
①	住宅	居室	1/7	地階に設ける場合は、壁・床の防湿等の基準がある。
②	寄宿舎（独身寮）	寝室	1/7	地階に設ける場合は、壁・床の防湿等の基準がある。
③	下宿	宿泊室	1/7	
④	児童福祉施設（幼保連携型認定こども園を除く）・助産所・身体障害者社会参加支援施設（補装具制作施設及び視聴覚障害者情報提供施設を除く）、保護施設（医療保護施設を除く）、婦人保護施設、老人福祉施設、有料老人ホーム、母子保健施設、障害者支援施設、地域活動支援センター、福祉ホーム、又は障害福祉サービス事業（生活保護、自立訓練、就労移行支援又は就労継続支援を行う事業に限る）の用に供する施設	寝室	1/7	入所者が利用するものに限る。
		訓練室保育室	1/7	左記以外に食事や各種福祉サービスの提供等の「日常生活に必要な便宜の供与」といった目的に使用される居室も対象になる。
		談話室娯楽室	1/7	左記以外に入所する者の談話等の目的のために使用される居室も対象になる。
⑤	病院・診療所	病室	1/7	地階に設ける場合は、壁・床の防湿等の基準がある（病院のみ）。
		談話室娯楽室	1/10	左記以外に入院患者の談話等の目的のために使用される居室も対象になる。
⑥	幼稚園・小学校・中学校・義務教育学校・高等学校・中等教育学校・幼保連携型認定こども園	教室	1/5	地階に設ける場合は、壁・床の防湿等の基準がある。 *1（イ）床面上50cmにおける水平面で200ルックス以上の照明設備と（ロ）床面上50cm以上の窓等で、左記の有効採光面積のある場合
			1/7*1	
			1/10*2	*2 音楽教室・視聴覚教室（幼稚園を除く）で上記（イ）の条件及び建令20条の2による換気設備のある場合
⑦	⑥に掲げる学校以外の学校（大学・専修学校等）	教室	1/10	地階に設ける場合は、壁・床の防湿等の基準がある。
⑧	**保育所**、幼保連携型認定こども園	**保育室**	**1/5**	*3（イ）床面上50cmにおける水平面で200ルックス以上の照明設備と（ロ）床面上50cm以上の窓等で、左記の有効採光面積のある場合
			1/7*3	

114　第Ⅲ部　事例編

この採光補正係数は、図5のように軒先から隣地境界線までの距離dと軒先から開口部の中心までの高さhから算定されるようになっています。式のαとβは定数で、いずれも住居系地域ではより厳しい数値となる（より大きな開口部が求められる）よう設定されています。また、この採光補正係数は、開口部が道路に面する場合には必ず1以上とすることができるとされています。

　この物件は駅近の商業系地域にあり、窓自体の面積は床面積の1/5以上ありましたが、開口部が道路ではなく隣地境界線に向かって開いていたことからdの数値が小さくなり、また、物件が1階であったためhの数値が大きくなってしまい、結果として採光補正係数が小さくなって、保育室の有効採光面積を確保することができませんでした。

　この採光規制は表1のように住宅の居室や病院、児童福祉施設等の居室以外では適用されないため、既存の用途が店舗や事務所等で使われていた場合には福祉施設に転用できない物件があるのです。

　この物件は法的に求められた採光規制でもNGでしたが、C社の方の意見としても保育施設として使うには暗くて防犯上も良くないのでは、と感じられていたようです。感覚としてこの物件は暗そうだな、と感じられれば、採光規制がクリアできない物件である可能性も高くなります。

　以上から改めてまとめると、

①2方向避難

②バリアフリー

③採光規制

の3つについては基準を満たした区画でなければハード面の改修内容が大きくなり、保育施設の入居を断念せざるを得ないことがあると覚えておいていただきたいと思います。C社の方が3つ目の物件で感じられたように、保育施設ですから、安全・安心で、明るい物件を選ぶことを意識すると良いでしょう。

事例 2-2

物販店舗 ➡ デイサービス

検査済証を取っていない物件の用途変更
── 協議と調査を積み重ねてクリアする

`# 用途変更` `# 検査済証未取得` `# 構造調査` `# 既存不適格` `# 特殊建築物`
`# 児童福祉施設等` `# 開業認可` `# バリアフリー法` `# テナント`

　事例2-1と同様に、デイサービスという開業に認可の必要な施設への用途変更の事例です。

　事例1-2でもお伝えしたように、さまざまな火災や事故の反省から、行政間の連携が密になってきました。福祉施設の認可でも、用途変更の確認済証や、建物の検査済証が必要であると、福祉施設の認可を担当する部署から言われて困惑する事業者から相談を寄せられることが多くなってきました。

　また福祉施設に限らず、検査済証を取得していない物件を用途変更したいという問い合わせも多くいただいています。そこで、ここでは鉄筋コンクリート（RC）造の中規模物件の既存不適格の証明に必要な調査方法もあわせて解説していきます。なお、この事例ではステップ1〜3までの段階に注目し、ステップ4、5は省略します。

☞ **チェックポイント**

✓用途変更の確認申請は必要か？

✓用途変更の確認申請に必要な、検査済証は取得しているか？

✓検査済証取得がない場合の調査に必要なコストはどのくらいか？

✓利害関係者が納得いく枠組みを調整しよう

116　第Ⅲ部　事例編

事業データ

竣 工 年	1990 年	構　　造	鉄筋コンクリート造
所 在 地	神奈川県川崎市	階　　数	地下 1 階、地上 4 階
用途地域	市街化調整区域	最高高さ	13.7m
その他の規制	法 22 条地域	耐震基準	新耐震
延べ面積	約 2560m²(うち用途変更部分 558.10m²)	確認済証	取得済
既存用途	物販店舗、サービス店舗、事務所、共同住宅	検査済証	未取得
		工事期間	工事なし
計画用途	児童福祉施設等（デイサービス）	工事金額	工事なし

STEP 1 事業の背景
―― 介護保険法の改正と行政の権限移譲

　この事例は、「はじめに」でも触れた、物販店舗をデイサービスに用途変更する事例です。私たちの会社への問い合わせで最も多い、検査済証未取得の物件で確認申請を提出する方法を、中規模の鉄筋コンクリート造の建物ではどういう手順で行っていくかを解説していきます。

　A 社は横浜市に本社を置く介護事業を行う会社で、横浜、川崎を中心にデイサービス 9 か所（当時）、グループホーム 2 か所を運営していました。A 社のデイサービスは入居者が 20 ～ 25 人程度、面積は大体 450 ～ 550m² 程度のものが多く、介護保険法上は「通常規模通所介護施設」に該当する施設となります。

　当時の介護保険法では、デイサービスは「小規模」「通常規模」「大規模」に分かれ、大規模はさらに大規模 I、II の 2 種類に分かれていました[注1]。月間の利用者数に応じてこれらの規模が設定され、それぞれの規模に応じて必要な介護職員の人数や、入所者が施設に支払う利用料金が決められています。「通常規模」は A 社の会社規模からすると最も適切であるとのことでした。

　この事例のご依頼を受けた 2012 年に介護保険法の改正があり、介護施設の

注1：2020 年現在では「小規模」はなくなり、利用定員が 18 人以下のものが地域密着型、利用定員が 19 人以上のもののうち、月延利用者数 301 ～ 750 人以下が通常規模、750 人を超え 900 人以下が大規模（I）、900 人超が大規模（II）という 4 種類になっています。

第 2 章　福祉系施設への改修　117

図1 外観

開設や各種届出の事務等の手続きについて、それまで都道府県が行っていたものが、市町村等に権限移譲[注2]されました。

　これにより、都道府県の定めた認可基準を審査する窓口業務を市町村等が一部行うということになり、建前としては、より施設に身近な市町村が認可を行えるようになったと言われているのですが、都道府県と市町村等で認可条件に関してダブルスタンダードを生むなど、問題点も指摘されています。

　A社はこのような背景の中で、新たな介護事業所を開設しようとして、この物件に遭遇したのです。

　いつものようにA社の担当者が介護施設の認可を受けようと川崎市の健康福祉局に書類を持って行ったところ、職員から「用途変更の確認済証はありますか？」と言われたそうです。

　職員から用途変更の確認申請の話を聞いたA社の社長は自らインターネットで検索し、私たちに電話をしてきました。お話を伺ってみると、用途変更など今まで言われたことがないし、他の事業者もやっているとは聞いたことがない

とのことでした。

本来なら、建築主[注3]の義務ですから、100m²（当時。2020年現在は200m²）を超える用途変更を行おうとする場合には建築確認申請が必要です。しかし、介護事業の認可申請というのは、認可のために揃える書類が多岐に渡り、その手助けは介護事業開業コンサルタントと言われる人たちが行うことも多くあります。あるいは小規模な事業者は、それらの手続きを自分たちで行っています。開業コンサルタントの方たちでさえ建築の専門家ではないので、確認申請のような建築の手続きについては詳しくありません。また、これまで認可事業を行ってきた都道府県の職員もあまり建物の法律については詳しくなかったので、認可の判断基準に用途変更の確認申請がなされているかどうかが入っていなかったこともあるようです。

ところが先述の権限移譲や、行政内での縦割り批判への対応があり、行政内で情報共有が行われるようになりました。それぞれ独立して審査していた内容をある程度課を横断して判断するようになってきたのです。

そういった情勢を鑑みて、A社の社長に、そもそも建築基準法では介護保険法の改正より前から用途変更の申請が義務であることや、建築確認や消防検査を受けていれば、避難や防火の規定に適合していることの証明になり、入居者の安心にもつながること等を丁寧にご説明すると、だんだんと前向きに事態を捉えるようになり、入居のスケジュールを再調整して用途変更を申請しよう、ということになりました。

▌検査済証を取得していないことが分かり、適法性を証明することに

ところが、次に社長から知らされた内容はこのプロジェクトの成否を大きく揺るがすものでした。

「川崎市からは、検査済証がないので、用途変更の確認申請は難しいと言われている」

注2：AからBへ「権限委譲」するとは、責任をAに残したまま、判断と決定権限をBに委任することです。
注3：工事の発注者のこと。（建築基準法第2条第16項）

第2章　福祉系施設への改修　*119*

第１章までにもお話ししましたが、完了検査を受けているか否かという点は改修工事で確認申請を出す上で最も重要な要件です。検査を受けていない既存の建物を転用するためには、基本的には確認申請時の建築基準法を満たしていたこと（既存不適格であること）を、事業者側で証明する必要があります。そのため、建築士の手で建物の調査を行い、当時の建築基準法の内容を調べ、それらに１つ１つ適合しているかどうかを確認していかなければならないのです。

　そこで、社長とともに川崎市の建築審査課注4を訪れ、用途変更の確認申請を出すにはどういった書類が必要か協議しました。当時は国土交通省の「ガイドライン ➡ p.19」も策定されておらず、行政によっては検査済証のない物件に対する審査は一切行わない、というところもあって、どういう指導を受けるのかは蓋を開けてみないと分からない状態でした。川崎市の場合は「既存不適格であることを、事業者側で証明しなければならない」ということでした。そして、そのためには、新築当時の確認申請が通る図面と書類を再現しなければならない、とのことでした。

　そうはいっても、どうやって当時の図面や書類を再現し、適法性を証明していくのか、なかなか想像がつきづらいと思います。私たちへの問い合わせでも、川崎市と同じような見解をもらったものの、何から手をつけていいのか分からない、というご相談をよくお受けします。

　この事例では、これらの再現方法や手順をお示ししたいと思います。

　主に民間の確認審査機関が行うことが多い、上記「ガイドライン」に基づく調査（＝ガイドライン調査）も、事業者側で再現した図面や書類、躯体調査の結果をもとに行うため、具体的にどういったことを行うのか知っておくことは、検査済証のない物件を使って事業を行う場合に必ず役に立つと思います。

　幸いにも、この物件は詳細図に至るまで図面はきちんとしたものが残っていました。そこでまず図面や資料を読み込んでみることから始めました。

STEP 2 地域の規制の確認

　元の建物は、店舗や事務所などが入居するテナント階の上に分譲マンション

が乗っているという構成の鉄筋コンクリート造地下1階地上4階建ての建物で、今回入居するのはその1階部分でした。

まずは地域の規制から確認していきます。高齢者用福祉施設は工業専用地域以外の用途地域では制限がありませんが、地区計画や建築協定、特別用途地区等による規制がある地域ではつくることができません。今回の敷地は特にこれらの規制はありませんでした。

しかし、この建物が建っている地域は都市計画法上、市街化調整区域に指定されていました。市街化調整区域とは、たとえば環境保全や農地保全のため、市街化を抑制すべきとされている区域のことです。そのため、住宅も含めて建築物を新築することは原則として認められていない地域です。この事例の建物は市街化調整区域に指定される前に建った建物であったため、開発許可を受けて建築されたものではないようでしたが、用途変更は開発行為の1つであるとみなされ、新たに開発許可を受けなければならない、とのことでした。

開発許可は通常、建築確認申請の手前で必要な手続きですが、今回は検査済証がなく、開発許可では建物の適法性も確認するため、まずは建築審査課とどういった調査や方針で適法性を担保するか話を詰めてから開発許可を出すようにとのことでした。

▎行政から提示された調査方針

通常、確認申請を行う部署は、意匠（計画）、構造、設備と担当が分かれており、それぞれ専門的な見地から審査をしていきます。今回川崎市の意匠と設備の見解としては、図面と目視による調査を行って、現況と図面の相違点の精査、および新築当時の確認申請時の、適法性を調査するようにとのことでした。これらは検査済証を取得している場合でも行う調査なので、それほど難易度の高いものではありません。

一方、構造については、意匠、設備と同様に図面と目視、実測による調査を

注4：市役所の中で建築確認申請を担当する部署は建築指導課、建築審査課、都市計画課等である場合が多いです。川崎市の場合は当時、建築審査課が担当部署でした。

第2章　福祉系施設への改修　　*121*

行い、その上で躯体の内部の調査も行うようにと指導がありました。調査の内容については、国土交通省住宅局建築指導課監修の『既存鉄筋コンクリート造建築物の耐震診断基準・改修設計指針・同解説』に基づき、既存の建物の柱、梁、壁等の配筋が図面通りにできているか、コンクリート強度が十分か、中性化 ➜ p.129 が進んでいないかを確認するようにとのことでした。コンクリートと鉄筋の両方が図面通り施工されており、かつ必要な強度が確保されているかというのは既存建物の構造強度を調査する上では非常に重要な事項です。市から提示された調査方針は、きわめて妥当な指導だと考えられたため、テナントであるA社と、建物のオーナーも同席して打ち合わせを行い、全者合意の上でこの方針で進めることにしました。

STEP 3 建物の状況把握

▌意匠、設備の状況確認

既存建物の適法性を証明するにあたって重要な点は、

①図面が当時の建築基準法を満たしたものであったか

②その適法な図面通り施工されているか

の2点が、両方とも満たされていなければならない、ということです。

意匠、設備については図面の内容を確認したところ、当時の建築基準法などに適合しているものと分かりました。法的に確認の必要な寸法の記載されていない部分も一部ありましたが、それらは図面より現地を実測して適合していることのほうが重要と思われました。

あとは現地で図面と現況が一致しているかを調査していきます。

まず、共用部分である廊下や階段、屋上部分を確認していきました。避難通路となる廊下や階段の幅等は特に細かく法的な制限がかかるため、図面で記載のなかった寸法もすべて測定していきます。また通路幅を狭くする要因（備品等が置かれていないか）や、床面積に関係する屋根、庇 等が追加されていないかも確認していきます。

設備については、基本的には壁や床、天井裏に隠されることになるため、す

べてを目視できませんが、パイプスペース部分の点検口から確認したり、敷地内に埋められた桝の蓋を開けて確認することで、状況を把握することができます。排煙口や非常用照明設備、消防用設備等は目視で確認できるので、排煙口をきちんと開けることができるか、非常用照明設備の電池やランプ切れはないか、必要な箇所に設置されているか等を1つずつ確認していきます。

　共用部分はこの調査では、特に問題はありませんでした。

　次に各テナント部分を見ていくことにしました。

　図面と大きく異なっていたのは2階でした（図2）。既存図面だと、一室の大きな物販店舗となっていましたが、事務所と、診療所と、すでに退去した状態のカラオケ店に3分割されていました。デイサービスが入居するのは1階ですが、これらの2階のテナントも、それぞれ適法に施工されているかを調査していかなければなりません。

　まず、用途規制については市街化調整区域でしたが、事務所、診療所とも建築可能な用途でした。次に用途変更の確認申請の要否についてですが、事務所は特殊建築物ではないので確認申請不要です。診療所は特殊建築物ではありますが、いわゆるクリニックで入院施設がなく、別表第1（い）欄の特殊建築物には該当しないため、これも確認申請不要であることが分かりました。

　以上のように、事務所と診療所の部分については市街化調整区域に新設するための条件と、それに対する手続きに問題はありませんでした。しかし、カラオケ店についてはこの地域には設けてはいけない禁止用途となっており、用途変更の確認申請も出ていませんでした。

　今度は実際にテナント内に入らせてもらい、中の法適合性を確認していきました。すると、診療所、事務所部分については問題がありませんでしたが、カラオケ店の排煙開口[注5]が足りず、また、事務所テナント部分と接している箇所に、異種用途区画 ➜ p.105 が取れていないことが分かりました。

注5：火災時の煙を外に出すために、一定規模以上の用途の建物には排煙設備の設置が求められます。「排煙開口」とは自然排煙設備として扱うことができる開口のことで、天井から80cm（防煙垂壁の高さが80cm未満の場合はその高さ）までの範囲の開口部の大きさが、排煙区画された室の床面積の1/50以上必要とされています。

第2章　福祉系施設への改修　123

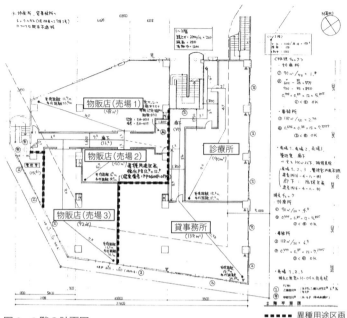

図2　2階の計画図

　そこで、改めてオーナー、テナントと協議し、カラオケ店の部分については立入禁止とし、確認申請の提出図については、仮に建築可能な用途である物販店の用途で適法に改修した状態の計画図面として提出することができないか、川崎市と協議することになりました。

　川崎市に相談したところ、「その考え方で問題ないが、今後カラオケ店の部分に新たにテナントを入れる時には必ずオーナーが、入居するテナントに適法に用途変更、改修するための条件を説明するように」とのことでした。

　そこで、2階の物販店舗の部分と事務所部分の間には、店舗側から施工可能な異種用途区画の耐火構造の壁を設定し、排煙開口が不足する箇所については、排煙告示注6を用いて排煙免除とする計画としました。

　これらにより、あくまで計画上は適法な状態に持っていくことができ、現状については不適合部分を立入禁止とすることで、法適合をいわば先送りにする計画で行政の許可を得ました。

構造の状況確認

構造計算書の復元

意匠、設備についてはこれで方針が出ました。

しかし、構造については、既存図面として構造図は残っていたものの、構造計算書が残っていなかったため、図面だけを見ても当時の建築基準法に適合していたか判断できませんでした。

検査済証を取得していない建物の場合、まず資料がどの程度残っているか調べる必要があります。構造計算書が残っていれば、その内容を確認すれば構造的な適法性を調べることができます。

構造計算書が残っていなくても、構造図が一式残っていれば、当初どういった計算をしていたか推測することはできるので、残っていた構造図から構造計算書を復元することはできます。

しかし、構造図がなかったり、一部しか残っていない、特に柱や梁の寸法が分かる図3のよう

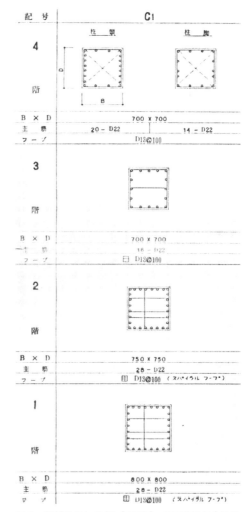

図3 部材リストの例（RC造）。RC造の場合は鉄筋の配置や鉄筋径、鉄骨造や木造の場合は部材の寸法が細かく記載されている

注6：100m²以下の小規模な室等で、内装材、下地材の不燃性能について一定の基準を満たすことで、排煙設備を免除することができる規定のこと。主に中小規模のオフィスビルや店舗のトイレ、廊下等のように開口部を取ることができない用途でよく用いられます。

な部材リストが残っていないと、この図を復元するための調査が必要になるため、何百万円もの調査費用がかかる場合があります。

　今回はすべての柱・梁の部材リストも含めて構造図がすべて残っていたため、この図面をもとに当時の設計者がどういう構造計算を行ったかを推測し、再度構造計算書を作成、復元することにしました。

　構造計算書を復元したところ、一定の条件下で想定すると、当時の規定を満たすことが分かりました。

　図面の範囲では確認申請当時の基準で考えると適法であることが分かったので、今度は構造図通りに実際の建物ができているかを確認していきます。

▌構造調査

構造体の実測調査

　まず、一番簡単な目視による方法ですが、立入り可能なすべての箇所の柱、梁、および耐力壁の大きさや厚さを実測調査して、図面と合っているかどうかをチェックしていきます。鉄筋コンクリート造の建物は、柱や梁がすべて同じ寸法でつくられているわけではなく、応力[注7]の大きさに応じて形や大きさ、内部の鉄筋のピッチも変わっています。そのため、1つの建物には柱だけでも何種類も存在するので、それらをすべて実測していく必要があります。

　実測の結果、ほぼすべての柱、梁は図面の寸法±10〜20mm程度の精度でつくられていることが分かりました。施工誤差やふかし[注8]等を考慮すると、おおむね適切な寸法であることが、この調査で分かりました。

配筋調査

　次に、配筋が図面通り入っているかどうかは、鉄筋調査用の超音波探査機を使って調査します。この探査機は、コンクリートは透過するけれども、鉄は透過しないように設定されていて、鉄筋があるところで反応を示すようになっています。

　外壁面に図4のように、トレーシングペーパーを貼りつけ、超音波探査機を上下左右に動かしていき、反応した箇所に線を引いていきます。これにより、

126　第Ⅲ部　事例編

図4 鉄筋探査機

図5 鉄筋の位置を記入したトレーシングペーパー

鉄筋がどれくらいのピッチで入っているかが正確に分かります。また、この機械は2点から超音波を出すことができるので、鉄筋からの反射角の違いを利用して、どれくらいの深さに鉄筋があるかも調べることができます。つまり鉄筋のかぶり厚さ注9も測定することができるのです。

しかし、この方法だけだと鉄筋のピッチとかぶり厚さについては調べることができますが、実際に入っている鉄筋の種類や、また鉄筋の径がいくつなのかは分かりません。そこで一部コンクリートをはつり取って、鉄筋を露出させ、図面と同じ径の鉄筋が入っているかを調べました。

調査の結果、調査箇所の配筋については基本的には図面通りであることが分かり、また、一部図面と相違する箇所についても施工上の変更点で、構造的には特に問題がないことが分かりました。

コンクリート強度試験

既存建物のコンクリート強度を測るには、「コア抜き」という方法により、既存の建物から直径10cm程度のコンクリートの実物を採取し、これを専門の試験機関で測定します。

注7：地震や風などの外力が加わった際にその力を受けた物体の内部に起きる反力のこと。
注8：目地を設けたり、構造体コンクリートを保護したりするため、構造上必要なコンクリートから打増しすること。
注9：鉄筋をコンクリートに埋める深さのこと。鉄筋の防錆と、コンクリートの割れを防止するため、構造体の部位によってかぶり厚さが決められています。

図6 コア抜き作業

図7 コアを抜いた壁

図8 試験場と試験機械

　コア抜きは、図6のような、先端に空き缶のような形状の回転する刃のついた器具を用いてコンクリートに穴を開け、コンクリートを採取します。先に述べたように鉄筋コンクリート造の建物はコンクリートと鉄筋の双方が構造上重要な材料なので、鉄筋を切断しないよう、配筋の調査で確認した鉄筋の位置を避けてコア抜きを行います。

　コンクリート強度とは、コンクリートがどれくらいの強さの圧縮力まで耐えられるかを表したもので、供試体（テストピース）という定められた大きさのコンクリートを専門の試験機関で調査します。供試体に上から荷重をかけていき、破壊された時の荷重を測定します（図8）。これは、新築時にも行うコンクリートの強度管理の方法です。新築時は現場にコンクリートを搬入する生コン車から、建物をつくるためのコンクリートと同じコンクリートを強度試験用に

あらかじめ採取しておきます。せっかく新築した建物からコア抜きをすると、建物の美観を損ねてしまうからです。

　しかし、既存建物の場合は強度試験用の供試体はありませんので、コア抜きによってコンクリートの強度を測定するのです。

コンクリート中性化試験

　コンクリートは、内部の鉄筋が錆びないようにアルカリ性となるように調合されています。これが、空気中の二酸化炭素と化学反応して、だんだんと年月を経て中性化していきます。中性化すると、鉄筋が錆びやすくなってしまうので、どの程度中性化が進んでいるかを確認するために、フェノールフタレイン溶液を吹きかけて色の変化を確認します。フェノールフタレイン溶液はアルカリ性の部分を赤紫色に変化させるため、色の変化のない部分が中性化していることになります（図9）。今回、この外壁面から中性化している深さを一般的な数値と比較すると、やや中性化の進行が早いという結果が出ましたが、かぶり厚さ等から判断して、鉄筋の性能を棄損するほどの結果ではないため、問題ないと判断しました。

　これら3つの試験方法は耐震診断でも一般的な方法で、今回の調査では構造設計の費用が140万円程度、構造調査が60万円程度でしたので、合わせて200万円程度の費用がかかりましたが、調査を行った箇所については構造的な問題はないことが証明できました。

　こういった調査では、コア抜きや鉄筋を露出させる箇所の選定がとても重要になってきます。たとえばタイルを仕上げとして貼っている箇所をコア抜きすると、補修する際にタイルを貼り直さなければなりませんが、古い物件だとそのタイルが廃盤になっていて入手できないことも多く、復旧が困難になります。また、上階のマンション部分はプライバシーの関係から基本的には中に入れてもらうことができませんし、コア抜きもできません。そのため、機能性、意匠性にも配慮して、あらかじめオーナーや行政と調整の上、影響の少ない部分を選定していく必要があります。今回は意匠的な影響の少ない地下駐車場部分や、階段等からコア抜きを行いました（図10）。

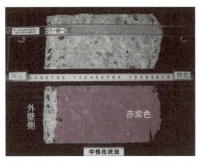

図9 フェノールフタレイン法による中性化の試験

B1階伏図（B1階柱・壁）

図10 調査箇所の設定（地下1階）

　以上のような調査により、意匠、構造、設備の内容について、行政と再度協議をするための材料が揃いました。

調査結果と、行政の判断

　これらの調査結果をもとに再度川崎市に協議に行き、用途変更の申請について相談をしました。

　結果としては、調査結果を審査し、適法であることが認められれば、用途変更の申請を受けつけるということでした。後日、審査の結果、内容に問題はないので用途変更の申請を受けつけると連絡を受けました。

　なお、オーナーが今後新しいテナントを入居させるなど改修工事が必要になる際や、あるいは所有者が変わったりするときに、今回の経緯が分かるようにしておくことはとても重要なので、すべての書類と行政との協議の内容も議事録としてまとめ、オーナーに提出しました。

　この事例は検査済証がない物件についての国交省のガイドラインができる前のプロジェクトでしたので、どのように進めるかは行政、設計者双方とも暗中模索の状態でした。こういった規定にない手続きや過去にあまり例のない事例をどうするか、という場合には、行政の立場として相談に乗りやすい資料を過不足なく提示する、ということも重要になってきます。

　また、ガイドラインが提示された後も、事業者のほうで適法性を証明する、

という手続きの流れ自体は変わらないので、今まで述べたような調査を建築士や調査会社を使って行うことが必要になります。

▌まとめ ── 既存不適格の証明に合わせて、利害関係者が納得いく枠組みを調整する

既存不適格であることが証明できれば、後は通常の用途変更申請と同様ですので、申請は滞りなく進み、無事確認済証を取得できました。

確認済証を取得するまでに、A社の社長が最初に打ち合わせに来てから1年近くが経っていました。今回のプロジェクトでは、テナントであるA社、行政、設計者の他に、建物のオーナーにも重要な決定をいくつかしていただきました。

物件は現在のオーナーが建てたものではなく、他社から購入したものでしたが、検査済証がないことには所有者としての責任があるので、建物調査の期間の3か月間の家賃を無償とすることを承諾していただきました。また、2階の避難通路や防火区画等を確保するよう今後のテナントに指示することも確約していただきました。

オーナーはその代わり、A社が賃貸借契約の期間である5年間を経ずに退去した場合には上記無償期間の家賃分を違約金として支払うこと、申請や調査のために作成した資料の写しをすべて提出すること、の2点をA社に要求し、それを合意書という形で書面として残しました。

テナントとして入居する場合、建物に瑕疵があった場合にはオーナーの責任を追及したくなるかもしれませんが、投資用の建物だと建て主と現オーナーが変わっている場合も多く、責任の所在があいまいになりがちです。そういった場合には、利害関係者がそれぞれ納得いくような枠組みを考えていくことも、プロジェクトを円滑に進める上では重要なことなのです。

番外編 2

オフィスビルの一室 ➡ 福祉施設

確認申請不要な規模の用途変更

#確認申請不要な用途変更　#児童福祉施設等　#開業認可　#消防法　#テナント

　この事例では、改修部分のうち特に用途変更部分を 100m² 以内に抑え、確認申請の提出が不要な範囲での用途変更を行う場合の注意点を、オフィスビルの一室を福祉施設に改修する事例をもとに解説していきます。

　申請が必要ない場合、建築士に設計を依頼しないことも多く、専門家ではない事業者の立場で法適合性を判断していかなければならない場面も出てきます。ここでは申請不要な範囲で用途変更をする場合に見落としがちなポイントを、事例をもとに解説します。

☞ チェックポイント

✔ 用途変更の規模は確認申請が必要な規模か？

✔ 適切に面積を抑えるにはどうするか？

✔ 確認申請不要な改修でも、建築基準法、消防法などに適合しているか？

✔ 必要な費用負担とそのメリットをオーナーに説明しよう

事業データ

竣 工 年	1987 年	構　　造	鉄骨造
所 在 地	東京都千代田区	階　　数	地下 1 階、地上 9 階
用途地域	商業地域	最高高さ	31.0m
その他の規制	防火地域、地区計画	耐震基準	新耐震
延べ面積	約1700m²（うち改修計画部分98.5m²）	確認済証	取得済
既存用途	事務所、診療所	検査済証	取得済
計画用途	事務所、診療所、福祉施設	工事期間	2017 年 9 月～ 10 月
		工事金額	200 万円

132　第III部　事例編

102m² のテナント区画で福祉施設を開業したい

ご依頼いただいた D 社は主に首都圏、関西を中心に、福祉施設の運営を行う会社です。

近年、特に東京の中心部では 100m² 前後の小規模オフィスの入れ替わりが多く、それらに小規模保育事業所[注1]や福祉施設を開設したい、というご依頼が私たちの会社にも増えてきています。

今回の事例は東京の千代田区に新しい事業所を設けたいというご依頼で、9階建てのオフィスビルの 2 階にある約 102m² の貸事務所のテナント区画を借りたいということでした。

D 社の担当者は 100m²（当時。2020 年現在は 200m²）を超える場合には用途変更の確認申請が必要であるということをすでにご存じで、今回の区画は 102m² とほぼ 100m² に近いので、2m² を他の申請不要の用途とすることで、確認申請を提出せずに手続きを進められないかというご相談を受けました。

申請不要な 100m²（当時）以内の用途変更でも、法に適合した改修が必要な場合も

最近、私たちの会社にも、事業者の方から確認申請不要な規模で用途変更する方法を考えてほしいという依頼が増えています。残念ながら「確認申請を出さなければ何をやってもいい」という誤った考え方の事業者もまだ多いので、私たちとしては、単に申請を回避するためだけに案をつくることは好ましくないと考えています。

また、確認申請を出さない場合は、用途変更にならないと勘違いされている方も多くおられます。法律上は面積に関わらず、200m² 以下で確認申請の提出がなくても、建築基準法上の用途変更が行われていると考えます。このことが

注 1：3 歳未満児を対象とした、定員が 6 人以上 19 人以下の少人数で行う保育施設のこと。首都圏では建物の法律上は事務所用途として扱う行政が増えています。

注 2（次頁）：既存不適格 → p.53 の建築物は、建築基準法では、そのまま何もしない場合、法改正によって新たに定められた、あるいは付加された規制については適用しなくて構いません（不遡及）。しかし、増築や大規模の修繕／模様替えを行う場合には原則新たな規制が適用され（遡及）、用途変更を行う場合にも一部遡及されるものがあります。

なぜ重要かというと、200m²を超えても超えなくても用途変更が行われる場合には遡及対応[注2]をしなければならない規制があるのです。たとえば、避難施設と言われる廊下や階段の規定や、それに付随する非常用照明設備、排煙設備等の規制も遡及されます。

その他、遡及対応として一番大きな影響があるのは、耐火建築物等 → p.73にしなければならない特殊建築物の規定です。

たとえば、防火地域、準防火地域以外の地域で、各階それぞれ110m²の3階建てのオフィスビルがあったとします。防火地域、準防火地域以外の地域で、事務所用途であれば耐火建築物にも準耐火建築物にもする必要はありません。そのため、通常は費用がかかるので、自主的に耐火建築物等にすることはめったにありません。

そのような建築物で、たとえば事業の縮小があり、オフィスの3階部分が空いて、テナントとして保育園等の福祉施設を入れたい、といった場合には注意が必要です（図1）。3階にこれらの用途を持ってくる場合、面積は110m²で200m²以内なので確認申請は不要です。しかし、保育園は別表第1（い）欄（2）項の建築物 → p.52 となるため、これらの用途を3階に持ってくる場合には、耐火建築物等にすることを要求されるのです。また、用途による耐火要件は、その用途の部分だけでなく、建築物全体にかかってくるため、建物全体を耐火建築物等にしなければならなくなります。

次に、避難施設の要件も遡及適用されるため、直通階段が2つ以上必要になります。直通階段とは建築基準法で定められた、ある階からその階段だけで避難口のある階（ほとんどの場合は1階）まで直通で到達することのできる階段のことで、避難上重要な動線と考えられているため、途中に扉を設けたり、他の室を経由したりすることは通常認められません。その上、これらの階段は、地上階では道路まで1.5m以上の幅の、屋外通路を確保しなければなりません。また、3階から地上までの避難経路には非常用の照明設備の設置が必要になります。

そのほかにも、保育園等と事務所部分の間に異種用途区画 → p.105 という防火区画が必要になります。具体的には、3階の床と、3階の階段との間の壁が防

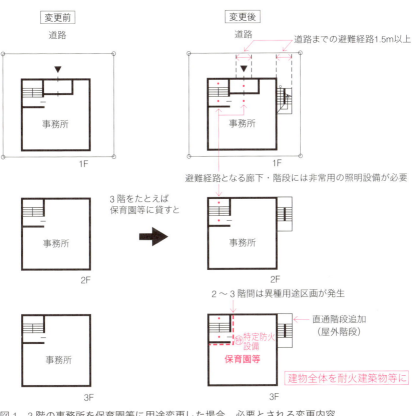

図1　3階の事務所を保育園等に用途変更した場合、必要とされる変更内容

火区画となり、耐火建築物等としての要件も求められるため、この階段室の壁と、3階の床は耐火構造（または60分準耐火構造）、階段の入口の扉は「特定防火設備」という非常に高い防火性能を持った扉としなければなりません　→ p.106 。

これらすべての性能を確保するには、1000万円以上かかる場合もあり、110m²の1テナントが負担する額としては現実的とは言えません。また、図1では有効面積を確保するため屋外に階段を増設していますが、敷地に余裕がなければ屋内に設ける必要があり、有効面積を減らす必要が出てくる可能性もあります。

そのため、コストがかかったり、有効面積を減らす必要があるのならば、どうせ申請も出さないし、違反でもなんでもやってしまおう、と考えてしまいが

ちです。

　しかし、近年コンプライアンスの意識が高まっており、遵法性を確保することが事業者にとって1つのステイタスであると認識する方も増えてきています。今までお話ししたような建物の法律の趣旨を理解していただいた上で、かつ遵法に予算をかけない方法を提案することは私たちの得意とするところです。

　D社の担当者にも、最初にお問い合わせをいただいた時点でそのようなご説明をしたところ、「入居者の安心や安全につながるのなら、むしろ積極的に調査をしてほしい。その上で改修コストが高かったりして計画を断念した場合にも、調査の費用は必要な経費としてお支払いする」と言ってくれました。そのため、まずは建物の調査を行うことにしました。

D社の事業所の場合
—— 建築基準法上は大きな問題なし、オーバーした2m² をどうするか

　この事例の建物は防火地域に建つ地上9階の建物であり、耐火建築物でした。また、今回入居する区画が2階であったため、新たに異種用途区画も発生しません。実は異種用途区画は、今回のような児童福祉施設等の用途[注3] では、3階以上に設ける場合か、2階に300m² 以上の規模となる場合に該当します（表1）。

表1　耐火建築物等としなければならない特殊建築物

	（い） 用途	（ろ） （い）欄の用途に供する階	（は） （い）欄の用途に供する部分（・・・（二）項及び（四）項の場合にあっては二階・・・に限る）の床面積の合計	（に） （い）欄の用途に供する部分の床面積の合計
·	·	·	·	·
（二）	病院、診療所、（患者の収容施設があるものに限る）、ホテル、旅館、下宿、共同住宅、寄宿舎その他これらに類するもので政令で定めるもの	3階以上の階	300m²	
·	·	·	·	·

136　第Ⅲ部　事例編

そのため、今回の規模、階では異種用途区画が発生しないのです。また、2以上の直通階段が必要になる要件にも該当しませんでした。

　非常用の照明装置や排煙設備は遡及要件に該当しますが、すでに設置されていました。室内で一部「相談室」となる部屋が増えることになりましたが、既存の非常用照明装置で賄えない部分については1灯だけ増設することで対応できそうでした。

　そのほか福祉施設の用途で重要な採光の規制について、既存用途の事務所の場合は問われないので、障害者支援施設の用途に変更する場合には、採光上必要となる開口部が足りているか確認しなければなりません。この区画は2面が道路に面していて、かつ非常に大きな窓があったため、採光の規制を満足することが可能でした。

　後は、100m²よりオーバーした2m²をどうするか、という点さえクリアできればこの区画をテナント契約して問題ないと思われました。

100m²以内に抑える方法

オーナーに確認し、2m²を共用廊下に

　2m²というのは中途半端な面積で、他の用途として利用するには小さすぎます。そこで、D社の担当者に、オーナーと行政の了解を得る必要があるが、既存のテナント区画の入口の扉を取ってしまって、この2m²を共用廊下の延長としてはどうか、という提案をしました（図2、3）。幸い入口の扉が親子扉で開口幅が1.3m程度あり、廊下を延長する、ということがそれほど不合理なく間取りに落とし込めそうでした。D社の担当者はこの考えに同意し、オーナーにまず問い合わせをしました。すると、

　　・家賃の根拠となる、D社への賃貸面積は102m²で変えないこと
　　・取り外した扉は退去時に原状回復すること
の2点を条件に提案に合意してくれました。

注3：児童福祉施設等は建築基準法施行令第19条第1項の中で別表第1（い）欄(2)項中の「その他これらに類するもの」に該当するとされています。

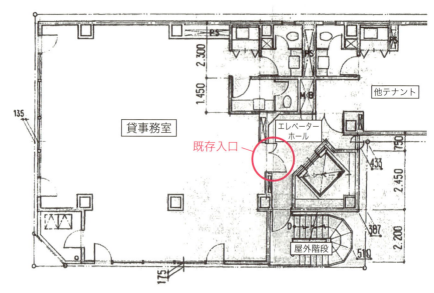

図2　改修前平面図

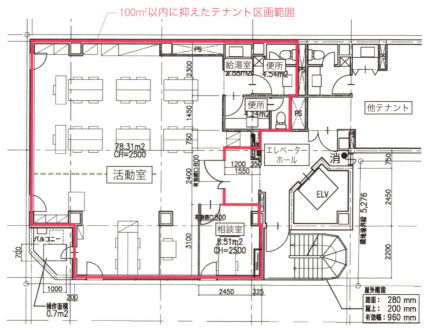

図3　計画案平面図。扉の位置を内側にし、共用廊下を広げて100m²以下に抑えている

図4　エレベーターホールから見た、完成した共用廊下部分

行政とも入念に協議をすることが重要

　これらすべてを図面にまとめ、特定行政庁である千代田区に打ち合わせに行きました。千代田区の見解は、「計画として共用部をつくって福祉施設の用途を100m²以内に抑えるのであれば、区としては申請を出すように強制することはできない。ただし遡及規定など適法性については設計者のほうでよく確認するように、また、必ず管轄の消防にもよく確認をしておくように」とのことでした。

消防法の用途も要確認

単一用途と複合用途の違い

　行政に確認ができたので、次は消防署に計画内容の確認に行きます。消防署は、計画時点で火災予防上問題がないか指導する権限を持っています。消防法は、防火や避難について規定している法規であり、建築基準法とも多くの部分

が共通しますが、どちらかというと建築基準法のほうがハード面の内容が多いのに対し、消防法は、消防用設備等の設備面や、防火管理といったソフト面がやや重視された法規と言えます。これは建築基準法が建物の性能面の確保や在館者の避難を目的としているのに対し、消防法はそれに加えて消防隊員が安全に消火活動や救出活動を行えるようにすることを目的としているからです。

この視点の違いが両方の法規に微妙な違いを生んでいます。その1つが用途です。そもそも消防法における建物の用途は「建築物」として定められているのではなく、「防火対象物」という名称で定められています。用途のカテゴリとしてはおおむね建築基準法と同じような分類となっていますが、防火対象物には、地下街やアーケード、山林等の、建築物ではない工作物や自然物も含まれます。

また、同じ福祉施設でも、老人ホーム等の就寝を伴う施設や、重い障害を持った方の入居する施設と、デイサービス等の通所施設や保育園等は消防法では別のカテゴリに分類されており、前者のような自力での避難が困難な人が利用する施設はより高い安全性に配慮した計画が求められています。

これら防火対象物は、単独用途の場合にはその用途に対する規制がかかりますが、テナントビルのように複数の用途が入る場合には複合用途防火対象物として扱われることになり、最も厳しい用途の規制に他の用途部分も合わせなければなりません。

たとえば事務所や共同住宅の用途の場合は11階未満であれば、消防法上定められた一定規模以上の開口を設けていれば誘導灯[注4]（図5）は不要となりますが、飲食店や物販店等の用途の場合には原則誘導灯が必要になります。

そのため、たとえばオフィスビルの1階にコンビニやカフェ等を設ける場合には、上階の事務所部分にも基本的には誘導灯を設ける必要があります。

しかし、用途上関連性が低い場合や、メインの

図5　誘導灯。図は避難口に設けるもの

用途（＝事務所）に対して飲食店や物販店のような従属する用途が小規模な場合には一定の緩和があります。

用途上関連が低い場合には通称「令8区画」と呼ばれる区画を設けることでそれぞれ別々の防火対象物として扱うことができます。令8区画とは、消防法施行令第8条に規定する開口部のない耐火構造の床または壁の区画のことです。開口部がないので、人や物は行き来ができませんし、配管等も貫通することは原則できません。そのため、令8区画で区画されたそれぞれの用途は別々の出入口を設けることになります。建築基準法の異種用途区画と同様の考え方のものですが、令8区画はより厳しい規制となっています（表2）。

もう1つの、従属する用途が小規模であると考える場合の緩和は「みなし従属」と呼ばれる考え方注5です。下記の2つの要件を満たす場合には、従属用途はメインの用途に含めて考え、単一の用途の防火対象物と考えてよいということになります。

① 主用途部分の床面積の合計が、全体の90%以上である。

② その他の部分の床面積の合計が300m² 未満である。

つまり先程の例でいえば、2000m² のオフィスビルであった場合、1階の店舗

表2　異種用途区画と令8区画の違い

区画の種類	異種用途区画（1）建築基準法施行令第112条12項	異種用途区画（2）建築基準法施行令第112条13項	令8区画 消防法施行令第8条（「消防予第53号」通知）
壁、床の性能	準耐火構造（45分間）	準耐火構造（1時間）	堅牢、かつ容易に変更できない耐火構造（2時間）（RC造またはSRC造）
開口部	遮煙性能を有する法2条9号2の（ロ）の防火設備	遮煙性能を有する特定防火設備	原則設けてはならない（ただし電気、ガスを除く必要不可欠な配管のみ規定を満たせば貫通可）
区画が外壁と接する部分	規定なし	同左	区画壁を外壁、屋根から50cm以上突出させるか、または区画壁の両側1.8mを耐火構造の壁もしくは防火設備とする

注4：避難を容易にするために避難口や避難方向を指示するための照明設備のこと。

注5：消防法施行令第1条の2第2項に「異なる2以上の用途のうちに、1の用途で、当該1の用途に供される防火対象物の部分がその管理についての権限、利用形態その他の状況により他の用途に供される部分の従属的な部分を構成すると認められるものがあるときは、当該1の用途は、当該他の用途に含まれるものとする」と記載されているものです。

第2章　福祉系施設への改修　141

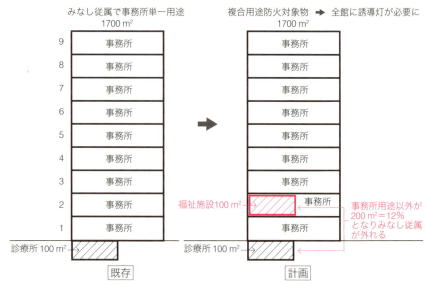

図6 2階の用途変更によって、みなし従属が外れる

が200m²未満であった場合には、建物全体は主用途であるオフィスビルの単一用途の建物として取扱われ、令8区画を設ける必要がなく事務所部分の誘導灯も設置不要となります。

みなし従属の適用を確認

この建物は延べ面積が約1700m²で、今回の計画範囲の約100m²を用途変更しても、全体の約6％程度ですので、みなし従属の範囲を超えません。ところが、実はこの建物の地下に診療所のテナントが入居しており、その面積が約100m²だったのです。そして、この診療所が入居する際には、みなし従属が適用され、主用途である事務所の単一用途の建物として、事務所部分の誘導灯設置は免除されていたのです。しかし、今回の計画でD社が2階に入居すると、事務所以外の用途部分が約200m²となり、主用途である事務所の床面積が全体の90％未満になります。そのため、みなし従属を適用することができなくなり、複合用途の建物になってしまうのです。その結果、既存の事務所部分にすべて誘導灯を設置しなければならなくなりました。誘導灯の設置費用は工事費も含めると

約100万円程度かかるので、建物オーナー、テナントであるD社のどちらが負担するにしても少なくない出費となります。

そこで、この指導を受けた時点ですぐにD社の担当者に連絡し、建物オーナーにこの話を相談してもらいました。

費用負担のメリットをオーナーに理解してもらい、遵法かつ予算を抑えた改修に

基本的にテナントの立場としては、他のテナントにどのような用途が入っているかは知ることができませんし、誘導灯は資産的にも建物オーナーのものにしておく必要があります。法的に必要な設備等をテナント負担で設置すると、そのテナントが退去する時には撤去してしまうので、次に新たなテナントを入れる際には、またテナント負担で設置しないといけなくなります。これはテナント側に大きな負担を強いることになりますし、建物の耐久性の面でも良くありません。そのため私たちは、法的に必要な消防用設備の増設や移設については基本的には建物オーナーのほうで行うべきだと考えています。

しかし、建物オーナーも「建物の法律」について詳しくない方が多いため、どういった理由でそれが必要なのか分からず、費用負担だけを言われると難色を示して契約がうまく進まない場合があります。その際には、テナント側から理由を提示し、さらにそれをしない場合のメリット、デメリットを提示して判断してもらうのが良いと思います。今回の建物の場合、D社のような福祉施設のテナント以外でも、事務所以外の用途のテナントを入れようとすれば必要になるものだということを理解してもらい、これを設置することで誘致するテナントの幅が広がることを説明することが重要でした。

D社としては、立地も良く、条件も良い物件なので、オーナーが難色を示すようであれば既存の事務所部分に必要な誘導灯の設置費用を一部D社で負担してもよいとまで考えていました。しかし、オーナーの回答は、今後のことを考えると誘致できるテナントの幅が広がるので、既存の事務所部分への誘導灯設置はすべてオーナー負担で行う、とのことでした。

以上のように、確認申請を出さない場合でも用途変更を行う場合にはさまざ

第2章 福祉系施設への改修　143

まな法規制が適用されます。繰り返しになりますが、確認申請を出さないということは何をやってもよい、ということではありません。むしろ申請を出さない分違反をしないように細心の注意が必要になることを理解し、不注意で違反建築物をつくらないように十分留意してください。

■用途変更の申請が必要な規模が「200m²を超えるもの」に

2018年6月20日に可決・成立、同27日に公布された、建築基準法の一部を改正する法律で、確認申請の必要な用途変更の規模が100m²を超えるものから200m²を超えるものに変更されることが決まりました。

政府はかねてから空き家問題の改善のため、既存建築ストックの活用を推進していくことを表明していましたが、今回の改正はその考え方をより具体的な規制緩和として進めることにしたのです。

今回の法改正で、一般的な戸建て住宅である4号建築物 ➜ p.83 はほとんど用途変更の確認申請がいらなくなります。事例1-1でご紹介したような戸建て住宅からシェアハウスへの変更や、一部を店舗付き住宅に変更することはかなり容易になると思われます。

その一方で、本文でも述べたように確認申請がいらないからといって、何をしてもいいというわけではなく、また用途変更することで遡及適用される法令もありますので、適法性をきちんと担保して計画をすることがより重要になってくると思われます。

建築基準法は社会的に大きな問題や、大きな自然災害が起こるたびに規制強化し、社会・経済情勢の変化によって緩和をするということを繰り返してきました。ころころ変わって分かりにくい、という批判もありますが、社会的な影響力や経済効果の大きい建築物に対する法規なので、私たちはこのような法改正は続けていくべきだと考えています。

国土交通省も法改正するたびに「報道発表資料」として詳細な解説を作成し、法案成立後は担当者が直接説明する説明会を主要都市で行っています。国も建築基準法の改正は社会的な影響力が大きいため、特に事業者に広く知ってもらえるようにと考えているのです。

今後も法改正は何度となく行われると思いますが、事業者としても、国が今の社会をどう考えているかということを、法改正を通じて知っていくよう努めることがこれから重要になってくると思います。

第2章　福祉系施設への改修　*145*

第3章

商業系、宿泊施設、工場等への大規模な改修

―― オフィス、店舗、ホテル等

　第3章では、オフィス、店舗などの商業系施設、ホテルや旅館、簡易宿所等の宿泊系施設、生産工場や食品工場、物流倉庫等の工場系施設等、比較的建物規模の大きな物件での改修事例を解説していきます。これらいわゆる事業系の施設への転用は、改修する内容も多く、工事の規模も大きく、それにかけるコストも大きくなります。

　それだけに、こういった事業系施設への投資は、うまくいけば一気に自社の事業の発展や売上げにつながる経営資源にすることができますが、反面失敗すれば、投資額が大きいだけに、会社の業績が傾く危険性もある諸刃の剣であると言えます。

　近年、「リノベーション」という言葉が浸透し、コストの面や既存ストックの有効活用という点で注目され始め、国も政策としてリノベーションやコンバージョン（転用）を後押しする動き注1を見せています。確かに適切に改修の計画を進められれば、同規模の建物を新築で建て直すよりコストは安くなるでしょう。しかし、投資額に見合ったリターンが望めるほどその建物の状態が良くなければ、改修費用がかさみ、収支が合わなくなってしまいます。

　私たちに改修工事前提でご相談いただいた案件で、新築したほうが良いというアドバイスをしたものがあります。お話を伺うと、容積率をオーバーしている物件で、これをホテルに用途変更したい、というご要望でした。建て替えても前面道路の幅が狭く、道路斜線注2が当たるのでそれほど大きなものは建てら

146　第Ⅲ部　事例編

れないだろう、ということでした。ところが私たちのほうでよく調べてみると、次の事例 3-1 で取り上げる特定道路に関する法改正があり、今の建物の延べ面積の倍以上の面積が確保できることが分かりました。また、道路斜線についても、道路境界線から 1m 後退して建物を建てれば、道路斜線を適用しなくてもよいという条件が、地区計画 ➜ p.30 によって新たに設定されていました。そこで、無理に既存の建物を使うことはせず、建て替えたほうがメリットが大きいのではないでしょうか、というご提案をしたのです。

逆に、法改正や、用途地域の変更等で容積率が小さくなっていたり、高さ制限が厳しくなっていたりして、建て替えの場合は現状の大きさのものがつくれない場合もあります。

新築か？　改修か？　といった枠組みで考えず、まずは敷地と既存建物のポテンシャルをフラットな視点で確認していくことが重要です。それらを踏まえて、本当に改修でいいのか？　新築したほうがいいのか？　そもそも事業を進めるにあたって工事が必要なのか？　といったことについて法的・性能的な条件をよく見極めていく必要があります。

新築工事よりも改修のほうが良さそう、となった場合も、大きな条件を見落としていないか充分に確認が必要です。3 階建て以上、あるいは 1000m² 以上の建物の改修になると、構造変更や階段、エレベーター等の縦動線を改修する場合も多くなりますし、その規模になると防火区画や避難経路等も規制が厳しいものになる可能性が高くなります。避難経路等を変えることが計画の要点となる場合、それが本当に可能なのか計画の初期の段階で検討しておく必要があります。また消防法による設備の基準も規模によって変わってくる場合が多くな

注 1：2017 年 6 月に内閣官房より発表された、安倍政権の成長戦略「未来投資戦略 2017」の中で、「既存建築物を他用途に円滑に転用等するための建築規制の合理化を行う」と明言したり、既存不適格緩和を実情に応じて合理的な運用にするなど政策や法改正で既存ストック流通を進めようとしています。

注 2：建物の道路に面する部分の高さを、前面道路の反対側の道路境界線を起点とする一定の勾配（商業系地域は 1.5、住居系、工業系地域は 1.25）の斜線の範囲内におさめるよう制限する建築基準法の規制のこと。
高さを統一することや、道路面の採光や通風を確保することで、道路の反対側や周辺建物の採光、通風を確保することを意図しています。

ります。その他、規模が大きくなると、上下水道、道路等のインフラへの負荷が大きくなると考えられ、それに関係する規制が加わってくることもあります。こういった点から、設備的な検討も早期に行っておく必要があります。そのため、計画の初期段階から専門家を集め、知見を総動員する必要があります。

　また、一度「改修で進める」という方針が出てしまうと、すべてを既存建物の改修で賄おうとしてしまいがちですが、どうしても既存の建物を利用しようとするとうまくいかない場合があります。

　事例3-2の研修所からビール工場へ改修した案件では、既存建物の1/3程度の面積には手をつけずに残したにも関わらず、一部別棟を増築しています。さまざまな検討を進めた結果、敷地の形状やこの事業の業態から、既存部分を使うよりも増築したほうがコストも安く、運用面でも使い勝手が良くなることが分かったからです。

　この本では何度も述べていますが、既存の建物は既存の用途に最適化してつくられています。大きな規模の建物になると、新たな用途として使うにはどうしてもそぐわない部分が出てきます。その時は、その部分は思い切って使わない、あるいはその部分だけ新たに建て直してつくってしまう、というのも1つの方法です。

　大きな規模の建物の場合、それら複数の与条件を加味し、全体最適な案がどういう形かを総合的に判断することが重要なのです。

事例 3-1　　　　　　　　　　違法状態の事務所➡適法状態の事務所

融資は受けられる？
コストを抑えた違法増築物件の是正計画

#違反建築物　#床面積調整　#駐車場／駐輪場の容積緩和　#バリアフリー法　#オーナー

　「はじめに」でも述べたように、コンプライアンス意識の高まりで、金融機関は少しでも違法性が疑われる物件には融資を控えるようになっています。本事例は容積率オーバーで違法状態になっていた事務所物件が、違法を理由に、市価よりかなり安い分譲価格で売りに出されていました。行政も交え、適法化することを前提に融資を取りつけることに成功した方法をご紹介します。

☞ チェックポイント

✓ 金融機関が融資を実行できる要件を把握しているか？
✓ 容積率をオーバーしていないか？
✓ 許容最大容積率が変わっている可能性をチェックする
✓ 元に戻すだけが適法改修ではない！新たな工夫で無駄なコストを減らそう
✓ 容積率緩和が受けられる駐車場・駐輪場を上手く使おう

事業データ

竣 工 年	1989 年	構　　造	鉄筋コンクリート造
所 在 地	東京都豊島区	階　　数	地上 9 階
用途地域	商業地域	最高高さ	28.55m
その他の規制	防火地域	耐震基準	新耐震
延べ面積	約 1998m²(うち改修計画部分 493.27m²)	確認済証	取得済
既存用途	事務所	検査済証	取得済(検査後工事にて違反状態)
計画用途	事務所、自動車車庫、自転車駐輪場	工事期間	工事なし
		工事金額	約 3200 万円（見積り額、未実施）

第 3 章　商業系、宿泊施設、工場等への大規模な改修　　149

STEP 1 事業の背景
―― 市価より安い違法物件を事業用に購入して運用したい

　景気の流れが変わることで建物の所有者が変わるケースがよくありますが、その取引の過程で違反建築物が見つかることも多くあります。

　私たちは、この物件の買主側の仲介を行っている不動産業者のE社から、「大手外資系金融機関が日本から撤退するので不動産の整理を始めている。豊島区で市価よりも非常に安価な物件が出ているのだが、適法性が担保されていないらしく、金融機関が融資を渋っているので調査をしてほしい」という依頼を受けました。

　この物件は、容積率オーバーをしており、違反があることによって資産価値が低下していて、周辺相場よりかなり安い値段で売り出されていたのですが、それでも買い手がつかない状態になっていたようです。

　E社の担当者が調査した範囲では、どうも容積率オーバーの違反は間違いないとのことでした。幸いなことに竣工図は一式残っているようで、また、完了検査も受けているようでした。規制をクリアした状態で一旦完了検査を受けた後に、違反を承知で改修工事を行っていたようです。私たちが竣工図を確認してみると、それは違法な改修後の状態を描いた図面でした。完了検査当時は、現在事務所となっている1、2階は駐車場になっていたらしいのです。

　E社の担当者は、「このエリアで、これだけ値下がりしていれば、是正工事をしてレンタブル面積 ➡ p.110 を竣工当初まで減らしたとしても、金融機関の融資が受けられるのであれば十分価値がある」とのことでした。そこで、まず方針としては適法な状態に改修するための設計を行い、その内容に基づいて工事会社に見積りを取り、その金額を足しても買主に価格的なメリットがあれば、購入することになりました。

　かつそれと並行して、金融機関の融資を受ける方法を探っていく必要がありました。先述のように金融機関はコンプライアンス意識が高くなっています。また、サブプライム問題、リーマンショックの反省や、耐震偽装事件の影響も

150　第Ⅲ部　事例編

図1　外観

あり、不動産への投資については担保価値の判断に非常に慎重になっており、法適合性が確保されていないものはもちろん、疑わしいものでもすべて担保能力がないに等しい、という判断をしている金融機関もあるようでした。

そのため、単に調査を行って、適法な状態に戻す計画だけでは融資してもらえず、何らかの形で行政による判断や見解が求められているようでした。

そこで、「是正計画書」という形で違反を是正する方針をまとめて書面にし、行政に提出することで、その受理をもって計画が適法なものであることを担保する資料とすることができないか検討することにしました。

STEP 2 地域の規制を確認する

是正計画を立てるにあたっても、まず第一に確認すべきは地域の規制です。完了検査は受けていることから、事務所、駐車場の用途は竣工当時は問題なかったことが分かっていましたが、都市計画が変わっている場合もあるので、念

第3章　商業系、宿泊施設、工場等への大規模な改修　151

のため確認しました。結果としては用途地域も竣工時と変わらず商業地域で、用途としては問題ありませんでした。

　また、商業地域であることにより、駐車場法の規制を受ける敷地であることも改めて確認できました。都内では、駐車場法、および東京都駐車場条例という条例の規制により、商業施設や事務所のような、自動車での来訪が想定される施設で延べ面積が1500m²を超えるものには、一定規模の駐車場を設けることが義務づけられています。この建物には駐車場がまったくなかったため、この駐車場条例の規定にも違反していることが分かりました。

STEP 3 現況調査により違反の状況を正確に把握する

　地域の規制を確認した後は、現状の建物の法適合状況を確認するために、区役所で確認申請や完了検査の提出の履歴などが分かる台帳記載証明書 → p.33 と建築計画概要書を取得して、建築確認申請時と、完了検査時の面積を確認することにしました。

　建築計画概要書とは、建築確認申請の概要が記載された確認申請図書の縮刷版のような書類のことで、台帳記載証明書よりもさらに建物の細かい計画内容が記載されています。これらは行政に行って申請すれば誰でもその場で閲覧でき、大抵の場合はコピーを取得することができます（行政によっては一定の年度以前のものは破棄されていて残っていないこともあります）。これらと違法な改修後の状態でまとめられた既存図面を見比べることにより、現況と完了検査を受けた時の建物の違いを知ることができるのです。

　台帳記載証明書、建築計画概要書を確認すると、用途地域により決まる容積率は600％であることが分かりました。しかし、容積率は用途地域の種類によって決まる値とは別に、道路幅により決まる値があり、両者のうち規制の厳しいほうを採用します。今回の物件の場合は前面道路の幅が8mで、それによる容積率は480％となる地域でした。この場合、480％のほうが規制の厳しい数値となるので、この敷地に適用される容積率の限度は480％ということになります（図2）。

　建築計画概要書と既存図の面積表から、この物件の敷地面積が330.40m²、延

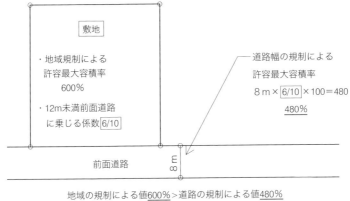

図2　容積率の考え方

べ面積が1981.59m²で、計画時の容積対象床面積は1585.85m²であることが分かりました。

　容積対象床面積とは、延べ面積から容積率算定の対象とならない部分の面積を引いた面積のことで、たとえば共同住宅の共用部分や、エレベーターホールはすべて容積対象には入りません。また、駐車場や駐輪場は延べ面積の1/5までは容積対象の床面積には入らない、緩和部分となります。

既存図から容積緩和部分を推測する

　既存図の面積表を見ると、建物全体の延べ面積1981.59m²と、この敷地に許容される最大容積対象床面積1585.91m²の差は395.68m²です。現況では、延べ面積のほぼすべてが容積対象となってしまっているため、この差がおおよそ容積のオーバー分といえます。一方で、1階、2階の占有部分の面積がそれぞれ150.23m²、245.50m²で、足すと395.73m²とオーバー分と非常に近い数字となるため、当初の予想通り、竣工当時はこの部分が容積緩和の対象であったのであろうと推測されました。

　さらに既存図の平面詳細図を確認してみると、1階、2階の壁や内装に一部

■容積率とは何か？

　容積率とはそもそも何を制限するためのものでしょうか。建物の形を規制するためだけであれば、建ぺい率や高さ制限、斜線制限があるので、行政の側は建物の形をある程度コントロールできます。容積率の規制は、実は都市におけるさまざまなインフラの負荷を調整するためのものなのです。通常の都市計画では、駅の近くの都心部や、国道や県道といった大きな道路の周辺は商業地域、その周辺が近隣商業地域となっていて、そこからさらに外側に準住居地域や第一種、第二種住居地域等の商業系の用途と住宅系の用途が混在する地域が現れ、最後に住居専用地域等になっていくようなグラデーションを描くようになっています。

　大きな駅の周辺はかつては城下町であったり宿場町であったり、元から人の集まるエリアで、周辺からそこに至る道路も古くから整備されています。そのため、商業地域として高い容積率を設定しても、道路幅が広かったり、古くから上下水道が整備されているため、それらのインフラに高い負荷を与えても、処理するだけの容量があると考えられます。一方古くからの住宅密集地や、戦後や高度経済成長期以降の比較的最近に開発された分譲地等は道路幅も必要最低限の細い道が多く、上下水道等のインフラの整備が十分でないエリアもあります。そのような地域に、高密度な建物をたくさんつくるとインフラがパンクしてしまうので、容積率は低く設定されます。また、都市部の商業地域は商業施設やオフィス等がたくさんあり、郊外のエリアは住宅地になります。つまり郊外から都心へ通勤する流れになるため、都心部と郊外を結ぶ交通インフラも、うまく分散させなければパンクしてしまいます。そういった視点から、容積率は地域の特性等を踏まえて、行政が調整を行う手段として機能しているのです。

　そのため、容積率は用途地域の種類によって決まる値とは別に、道路幅により決まる値が定められているのです。また、インフラの負荷になりにくい共用部分や、交通渋滞や違法駐車等の緩和に寄与すると考えられる駐車場や駐輪場は、一定の割合で容積対象から外しているのです。

「撤去」の文字があり、また、1階、2階の床の開口をコンクリートで埋める指示があるなど、随所に検査後に行う改修工事の記載と思われる箇所がありました。

また、1階、2階の合計面積395.73m²が、この建物の延べ面積1981.59m²の1/5である396.32m²を下回っていること、そして建築計画概要書の用途に「事務所、駐車場」と記載があることから、1階、2階の現在事務所になっている部分が、完了検査当時には駐車場であったと結論づけました。2階の床埋め部分はおそらくカーリフトを設けていたのであろうと推測されました。

以上の検討から、この建物が、竣工時は1、2階を駐車場として完了検査を受け、検査後にカーリフトを撤去し床埋めをして事務所に改修したことにより、容積オーバーしていることが分かりました。

竣工当時の状態に戻すには、この2フロアの事務所部分を駐車場用途に戻し、カーリフトも設置が必要になるなど、大掛かりな工事となることが予想され、また、コストもカーリフトを設置するだけでも3000万円程度かかることが分かりました。

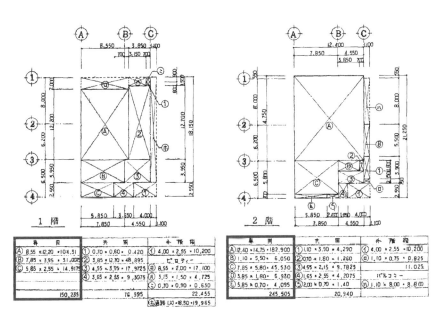

図3　既存図の面積表

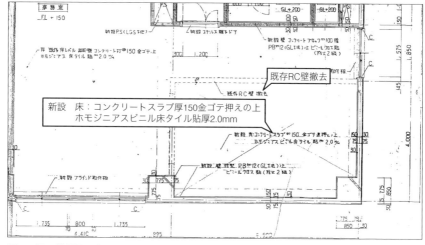

図4 旧2階平面詳細図。図面内に壁撤去や床開口を埋める指示がある

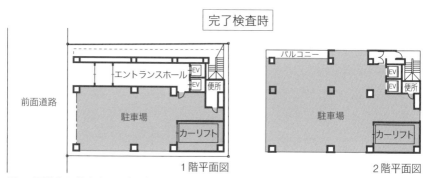

図5 面積から想定される完了検査当時の計画

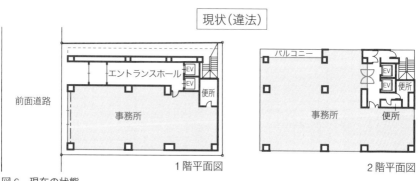

図6 現在の状態

そこで、工事を行うにあたってどのような改修を行うか、また他に違反している部分がないか等を確認するため、実際に現地を見てみることにしました。

現地調査で1階の天井裏をのぞいてみると、想定通り2階の床に後施工で床を足した部分があり、カーリフトを設けた痕跡がありました。このため、1階、2階を駐車場として検査を受けていたことが確定しました。

その他の部分についてはおおむね図面通りで、アスベストを用いた仕上げ材が一部あること、避難階段がゴミ置場に、1階の避難通路が駐輪場になっていて運用上の問題をクリアしなければならないことの他は違法な点は見つからず、適法に改修することは、費用さえかければ可能であると判断しました。

特定道路緩和による容積割増しの検討

私たちは現地調査の際、建物本体だけでなく、敷地周辺を必ず見て回ることにしています。建物の周辺まで観察することで、法律の変化などに気づくことができるからです。たとえば周辺の建物のうち古い建物は階数や高さが低い建物が多く、新しい建物はそれらより階数が多かったり高さが高くなっている場合には、何らかの法改正や用途地域の変更などにより、容積率制限が大きくなっていたり、高さ制限が緩和されている可能性があります。

今回の敷地周辺の見回りで大きな収穫があったのは、敷地の南東側に非常に大きな道路があり、幅員が15m以上は確実にありそうなことでした。近くに

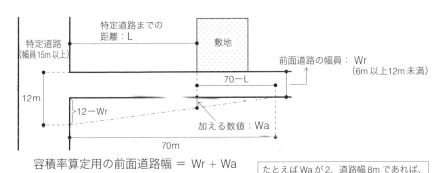

図7 特定道路緩和の概要

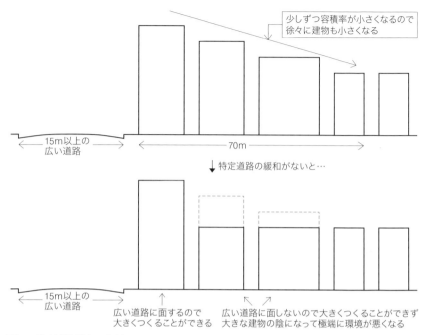

図8　特定道路緩和の趣旨

図9　本計画の特定道路緩和の計算図

158　第Ⅲ部　事例編

15m を超える道路があったことがなぜ大きな収穫かというと、容積率についての「特定道路の緩和」を受けられる可能性があるからです。

特定道路の緩和とは、敷地の前面道路の幅員が 6m 以上で、敷地境界線から 70m の範囲に 15m 以上の幅員の道路（特定道路）がある場合、容積率算定用の道路幅員に図 7 のような一定の割増しを行うことができる、という緩和条項のことです。

なぜこのような緩和があるのかというと、特定道路に接続する道路の幅員が狭かった場合、特定道路に面する敷地の容積率は特定道路の幅員から求めるので、高さ制限さえなければ非常に大きな建物を建てられることになります。一方でその隣の敷地で特定道路に面しない敷地は、狭い道路のみに接することになり、道路幅による規定により容積率が少なくなり、特定道路に面する建物と比べて小さな建物しか建てられなくなります。これではこの敷地の建物は大きな建物の陰になり、居住環境が非常に悪くなってしまいます。そこで、特定道路からの距離に応じて段階的に容積率を低減していくようにし、建物の大きさの差が極端にならないように調整しているのです（図 8）。

今回の敷地も特定道路から 70m 以内の範囲にあり、なおかつこの緩和条項がこの建物の竣工後に施行された条項であったため、今回の計画に適用することが可能であるということも確認できました。

また、道路台帳を見てみると、確認申請時の図面では道路幅員は 8m となっていましたが、実際の幅員は 8.21m あることが分かりました。

以上の結果から、許容容積率は竣工当時計画していた 480％から 532.6％となり、52.6％増やすことができると分かりました。

STEP 4〜5 QCD を考えたプランニングを作成し、見積りをとる

▌是正内容のうち費用のかかる部分を整理

この結果、竣工当時より事務所として使える面積を 173.79m² 増やすことができ、2 階の 7 割程度が専有部として利用できることが分かりました。この面積

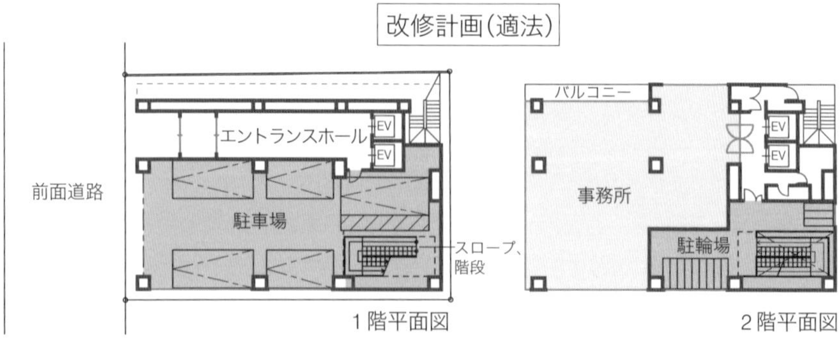

図 10　計画案の図面

があれば、2階は充分事務所スペースとして貸すことができます。

　また、2階の残りの部分の面積が71.71m²と少なくなったため、たとえカーリフトをつくっても、2階には1台しか車が止められませんでした。そのため、工事が大変で、費用のかかるカーリフトを再度つくることは非常に不経済だと思われました。そこで、事務所テナント利用者のための駐輪場とし、1階からは鉄骨でつくったスロープでアプローチする計画にしました（図10）。これにより、カーリフトが不要になり、コストが大幅に削減できることになりました。また、1階の避難経路に止められていた放置自転車の問題もこれで解消できると思われました。

　1階は東京都駐車場条例によって、必ず2台以上が止められる車室スペースが必要（うち1台はバリアフリー法により車いす利用者用駐車場）であり、また容積緩和を受ける必要があるため、すべて駐車場とする計画にしました。

▌行政との調整

　この計画案を持って豊島区役所の監察課という、違反建築物に対する指導を担当する部署に相談に行きました。豊島区役所の見解では「『12条5項の報告』を求める。書式は問わないので、是正計画書の頭紙を作成して、是正前、是正後の図面を添付して持ってくるように」とのことでした。

　「12条5項の報告」とは、建築基準法第12条第5項に定められた手続きのことで、「特定行政庁は、建築物等の状況に関する報告を求めることができる」と

160　第III部　事例編

されています。つまり「現状この建物はこういう違反があって、それをそれぞれこういうふうに是正します」という計画として提出すれば、それを確認申請の手続きと同じように、審査してくれるということでした。これは違反建築物に対する対応としては、かなり良心的な対応です。

建築基準法では第9条に、「違反建築物に対する措置」という項目が定められ、特定行政庁は建築基準法に違反した建築物に対しては「必要な措置を取ることを命ずることができる」とされており、最悪の場合には建物の除却や、そこまでいかなくても修繕や使用停止を命令することができるようになっています。今回豊島区の対応としては、「必要な措置を取ることを命ずること」をせず、12条5項の報告を求めることで建物所有者に対して配慮をしてくれました。見方によってはかなり寛容な対応ですが、杓子定規に取締りをすることより、違反建築物がどうやったら減らせるかという広い視点に立った、より現実に即した指導であったと思います。

今回の計画で最も重要な点は「金融機関の融資が下りるかどうか」であったので、この区役所の寛容な対応は非常に幸運でした。もし違反建築物として是正命令が出てしまえば、それだけで金融機関の評価が下がってしまう恐れがあり、融資ができないと言われる可能性もありました。ただし、監察課としてもしこの是正計画書通りに進めることができないと判断する内容が出てくれば、すぐに是正勧告を行う、とのことでした。

計画案の見積り作成と金融機関との調整

ここまでの行政との協議内容をE社に伝えたところ、計画を進めるにあたってどれくらいの金額がかかるのかの見積りがほしい、とのことでした。行政、金融機関との調整の目処がついてきたので、建物を購入して工事をしても採算が合うかを確認しておきたいとのことでした。

そこで、是正計画書の作成と並行して、ゼネコン1社と、小規模な工務店1社の計2社に概算見積りを依頼しました。それほど難易度の高い工事ではなく、工務店に依頼したほうが金額的には安いことは分かっていましたが、金融機関によっては物件の適法性の担保と同時に、是正工事業者の財務状況も融資の審

第3章　商業系、宿泊施設、工場等への大規模な改修　*161*

査に入れる可能性があったため、この時点の状況では金額だけで判断するのはリスクが高いと考えたのです。

工事の概算金額はゼネコンが約3200万円、工務店が1750万円と、かなり大きな差がありました。ただ、ゼネコンの見積りには計上されているものの、工務店では計上されていない、見積り漏れと思われる項目がいくつかあり、工事金額は、減額案も含めて大体2000万〜2500万円を超えるくらいではないか、とE社にお伝えしました。

E社から、上記の金額を購入希望の買主に連絡したところ、この金額であれば収支が立つので計画を進めてほしいとのことでした。

そこで、E社から金融機関に、私たちが行った調査の内容、行政の見解、「是正計画書」として届け出る12条5項の報告のことを説明して、融資の可否を打診しました。結果は、豊島区役所の是正計画書の受理を前提に、融資を行うことができるとの見解を得ました。これで計画を進めるにあたっての前提がすべて整ったので、買主を報告者として、12条5項の報告として、是正計画書を豊島区役所に提出しました。

▌まとめ ── 法規の丁寧な検討でコストを抑え、資産価値も大幅アップ

「建物の法律」の内容は、不動産の現場では身近な容積率ひとつ取っても非常に複雑で、また法改正や面積の変化を追うのも簡単ではありません。

この物件ではまず、特定道路の緩和が使えたこと、そしてそれによってテナント貸し面積の減少を最小限に防ぐことができたこと、カーリフトの設置費用がかかる是正をしなくてよくなったこと。これらによって完了検査時の状態に戻す是正工事と比べると、資産価値は大幅に向上し、是正にかかる費用も倍以上の差が生まれたのです。

不動産取引の際には、契約の前に、以上のような建物の現況をある程度整理しておかなければならないことがお分かりいただけたと思います。

※不動産取引の際の注意点については、次頁からのコラム2にまとめていますので、そちらもあわせて読んでいただければと思います。

162　第Ⅲ部　事例編

コラム2 不動産取引や賃貸借契約の前に注意すべき、利害者間の調整

■良いことずくめの計画に見えても…売主、買主の対立

　大きな事業規模の計画になると、不動産の価格も、そこから得られる利益も大きくなります。事業者としてはそれに関わる関係者の利害関係も、視野に入れておく必要があります。

　実は事例3-1でご紹介した容積オーバーの事務所の物件は、計画の途中で中止になりました。建物の売主が、待ったをかけてきたのです。

　当初売主と買主との間では、銀行の融資をつけるために違法改修部分を是正することまでは合意をしていたようです。買主側の仲介を行ったE社の担当者によると、売主が容積率の割増しができることに気づき、それを理由に契約金額を釣り上げてきたそうです。買主としては当初の金額前提で収支を組んでいるので、値上がりは到底了承できず、この話は流れてしまいました。区の決裁直前まで進んでいた是正計画書も、取り下げることになってしまいました。

　私たちも計画が中止になった直後は、是正計画書も通るのが目前だし、違法部分もなくなり、銀行の融資も通るようになり、建物にとっては良いことずくめの方向で話が進んでいるのになぜ、と疑問に思いました。しかし、売主、買主、金融機関や行政、それぞれの思惑や立場があり、1つの方向から見たら良いことしかないように思われることでも、他の立場からは面白くない、ということがよくあります。

　もし買主側が、これらの成果を売主と共有できるような交渉をしていれば、結果は変わっていたのかもしれないと思い、計画から少し時間も経ったので、私たちとよく一緒に仕事を行っている、不動産コンサルティング会社のF社とG社の社長2人に見解を聞いてみました。

　そうすると、お2人の見解はまったく同じで、ともに「買主、売主は、相手方には関係なく動くべきで、それぞれが調査や検討をして得られた利益については、動いたほうが享受するべきだ」というご意見でした。それは、この規模であれば買主、売主それぞれにプロのエージェントの立場で仲介会社が入るの

第3章　商業系、宿泊施設、工場等への大規模な改修　**163**

で、それぞれがプロとしてどのように顧客の利益になるように動くかは自由だからです。

　その上で、F社の社長は、「とはいえ、仮に買主サイドから是正アイデアを出したことによって価値が増加することとなった場合、その価値増分を売主と買主でどのように分け合うのかについて早い段階から協議をしておくことが重要だろう。いくらで売るかという権限を持っているのは売主であり、違法部分の是正によって得られる利益のすべてを買主に享受させてもらえるかどうか、是正提案の内容が明らかでない時点から慎重な対応が必要となる」とのご意見でした。

　仮に価値増分が買主のアイデアと行為だけによる場合、買主だけが価値増分を享受すべきだし、逆の場合は売主が享受すべきという点については後述のG社の社長と同じ考えでしたが、「物件の価値増加が双方の協力によって得られたものであるならば、分け合うことはあってしかるべきだろう」というお考えでした。

　その条件としては、間に入っている仲介業者同士の連携と、関係者間での意見調整が必須となるともお話しされました。双方が同じ目的に向かって意識を共有していくこと、つまり「ストーリーの共有化」が重要ということです。

　一方G社の社長は、「買主側の不動産仲介会社が、売主を説得して、本契約をすぐに進めるべきであった」とのご意見で、「契約時には特約のような形とし、その後融資が得られることが分かった時点で物件の引き渡しを受けることにし、融資が下りなければ契約破棄という形にすべきだった」とおっしゃいました。

　G社の社長はF社の社長のような、売主に話して利益を分け合うという考えには否定的でした。そもそも売主と買主とは、一方は物件を1円でも高く売りたいと思っており、一方は少しでも安く買いたいと思っているという、真っ向から利益が相反する立場だからです。

　不動産の売買取引では、法的には仮契約という考え方は存在しません。そのため、まず法的拘束力のある契約を結ぶことで、物件を押さえることが重要だという考えです。物の価格が非常に高く、銀行の評価で契約の成否が大きく左右される不動産の取引では、金融機関の評価が定まった時点で物件の受け渡し

を行う特約をつけることがよくあります。たとえば自宅を購入された方はよくご存じかと思いますが、物件購入時に住宅ローン特約をつけることがほとんどです。住宅買主が住宅ローンを借りられなかったときには、違約金等の負担をすることなく、手付金が返還され、無条件で契約を解除することができるのです。

　買主としては、この住宅ローン特約のような特約をつけて本契約をすることで、物件をひとまず押さえることができます。その上で融資をもらうための調査、検討を専門家（＝私たちのような調査を行う会社）を使って行う段取りにすべきだったということです。

■共有部分にテナントが手を加えられるか —— 地権者との利害関係

　私たちが以前携わった物件で、同じように利害関係者間の意見の相違がもとで、計画中止になった案件があります。東京都の一等地に建つ再開発ビルの一角に、保育施設をテナントとして入れたいというご相談でした。私たちにはテナントの会社からお声がかかっていました。

　貸し面積は約104m²で、すべてを保育施設に用途変更すると確認申請が必要な規模でしたが、当初テナントからは固定した壁でデッドスペース[注1]をつくって一部をふさぎ、申請の必要がない規模にしたいというご相談を受けていました。区役所に相談に行ったところ、コンクリートブロック等の容易に壊すことのできない壁で区画するのであれば、デッドスペースは用途変更の対象面積から除外してもよいという見解をもらっていました。

　しかし、オーナーの会社は大手不動産会社で、また組合施工の再開発ビルで複数の地権者の持ちものでした。オーナーとしては、「そのような抜け道的な手法は地権者間で反対意見が出ると合意を取るのが難しくなるので、誰が見ても疑いの余地のないように手続きを行ってほしい」というご意見でした。

　そのため、テナントと再度協議し、デッドスペースをつくって面積を抑える

注1：壁等でふさぐことで立ち入ることができないようにしたスペースのこと。容積対象面積や、この事例のように申請対象の面積から除外する面積調整のために、あえて人の立ち入ることができないスペースをつくることがあります。

第3章　商業系、宿泊施設、工場等への大規模な改修　　*165*

ことは取りやめ、用途変更の確認申請を提出することにしました。保育施設は第2章で述べたように、東京都では当時面積によらずバリアフリー法の適用対象となっていました。そのため、敷地の入口からテナント区画の入口までは、視覚障害者や車いす利用者が自力で到達することができるように、点字ブロックやスロープ、手すり、場合によってはエレベーター等を敷設した円滑化経路と呼ばれる経路としないといけません。

　この建物は、バリアフリー法が義務化される以前に竣工した建物でしたが、すでにかなり自主的なバリアフリー対応をしていた建物で、テナントのあるフロアまで車いす対応のエレベーターやスロープ等で到達することができるようになっていました。また、テナント区画付近の共用トイレに多目的トイレも設置してありました。しかし、エレベーター前の視覚障害者用の点字ブロックだけ敷設されていませんでした。そこで、テナント区画外ではあるものの、このエレベーター前の点字ブロックの設置をオーナーが許可してくれれば、バリアフリー法の規定をすべて満たすことができ、用途変更の確認申請を通すことができると分かりました。

　そこで、こちらで資料を作成し、テナントからオーナーに上記内容を説明して許可をお願いしました。オーナーの返答としては、承認を得られるか地権者の理事会にかけてみるとのことでした。しばらく経ってから返ってきた結論は、理事会の承認を得られないので、この計画は白紙に戻したい、ということでした。テナント経由で伺った理由としては、オーナーは福祉施設、特に保育施設は需要も多く、できれば貸したいと考えているが、区分所有建物の共有部分に、テナントも含む一権利者が手を加えることは認められないと理事会で決定した、ということでした。

　区分所有の建物は、再開発の権利変換[注2]時に持ち分の割合が決定されるため、「権利床」「共用床」という意識が強く、たとえ建物が良くなる方向への変更でも、共用部に手を入れることは、一地権者が抜け駆けをしているように他の地権者には感じられるようです。

　結局テナントの会社は、この物件をあきらめることになりました。賃貸借契約も結んでいなかったため、違約金すらもらえず、非常に残念な結果となりま

した。この物件についても、施設の開設許可が下りなければ契約を白紙にするような特約をつけて、早めに契約を結んでおくべきだったのかもしれません。

　この再開発の事例はかなり特殊な例とは思いますが、再開発の仕組みや建物の法律の内容をよく理解しておかなければ、複雑な権利者間の関係性を理解し、どういった内容が権利者間で調整しやすいか検討することもできません。

　不動産取引や賃貸借契約の前には建物の法律を考えることももちろん大切ですが、その内容を理解した上で、関係者がどのような考えを持つか、あるいはどうすれば自分たちに不利益を生まないようにできるか考える必要があります。利害が対立する相手との取引の場合には、時には駆け引きも必要なのです。

注2：再開発前の既存土地や建物の地権者が、その土地や建物の権利を、それぞれの持ち分に見合った新しく建設されるビルの床面積と、そのビルの敷地に関する権利に置き換えること。

事例 3-2

研修所 ➡ ビール工場

旧耐震の建物でもここまでできる!
構造も大規模にリノベーションしたビール工場

#用途変更 #構造改修 #大規模の模様替え #増築 #オーナー

　ここでは、旧耐震の建物を、構造変更を伴う大規模な改修によって自社工場として取得する事例を通じ、既存の建物を自社の事業へ最適化し直す検討の過程を見ていきます。

　新築案からさまざまな改修案まですべてをテーブルに上げた上で、自社にとって最適な案はどれなのか検討すること、取得後のオペレーションも含めて全体最適の案を考えることが、自社物件取得の成否を左右します。この事例を参考に、自社の事業の見直しを図る材料にしていただければと思います。

> ☞ **チェックポイント**
>
> ✓ 工場設置のためのさまざまな規制を確認しよう
>
> ✓ 確認申請の要否などは必ず行政と協議しよう ── 「やぶ蛇」ではない
>
> ✓ すべてリノベーションすることにこだわらなくてよい
> ── 新築案も含めて最適な計画を検討
>
> ✓ 事業と建物の「あるべき姿」を考え、判断を下そう

事業データ

竣 工 年	1980 年	構　　造	鉄筋コンクリート造
所 在 地	埼玉県東松山市	階　　数	地上 4 階
用途地域	市街化調整区域	最高高さ	17.32m
その他の規制	特になし	耐震基準	旧耐震
延べ面積	約 9290m² (うち改修計画部分 3724.50m²)	確認済証	取得済
既存用途	研修所	検査済証	取得済
計画用途	食品工場、倉庫	工事期間	2015 年 6 月～ 2016 年 8 月
		工事金額	非公開

図1 全景 (撮影：bird and insect ltd.)

STEP 1 プロジェクトの背景
―― 生産量増加に伴う工場拡張の必要性から、自社工場の取得へ

　国内クラフトビール製造大手のH社が手がけるビールは、世界のさまざまなビールコンテストで受賞するなど、海外での評価も高まっており、出荷量も年々増加の一途をたどっています。

　H社は埼玉県川越市に本社、および生産工場を設けていました。この既存工場は、土地、建物ともに賃貸物件で、将来見込まれる出荷量の増加に対して、ハードを拡張することが難しいと思われました。

　2013年に、H社は、こうした国内外の需要の高まりに応えるほか、長期的視点に基づいた新たな拠点として、自社工場を持つことを決定しました。

　H社の社長は何年も新工場の敷地を探していたそうですが、ついに東松山市にある大手メーカーの研修施設跡地約6万7000m²を購入することを決めました。敷地にはこのメーカーの新入社員研修を行うための約9300m²の研修所が1棟建っており、この建物を工場として利用できるかどうかは分からないものの、

豊かな自然に囲まれた素晴らしい敷地に惚れこみ、この土地で新しい工場をつくっていくことに決めたのでした。

研修所の建物もレンガタイルに覆われた美しいものでした。社長は、特にヨーロッパでは、古いレンガ造の倉庫や事務所の建物がリノベーションしてつくられているのを見て、「日本でもこれができないわけがない」と感じたとのことでした。

STEP 2 地域の規制を確認
—— 工場設置に関わるさまざまな法規の調査

H社の場合は物件を購入するにあたってこれ以上ないほどに現状の問題点と新物件取得の目的が明確でしたので、計画を進めるにあたっては、地域の規制を確認するところから始めました。敷地のあるエリアは市街化調整区域 ➡ p.121 に指定されていましたので、そもそもこの敷地が、ビール工場をつくることが許された地域であるかどうかを再度確認するところから始まりました。

今回の敷地は大手メーカーが工場用地として取得し、開発許可、確認済証を取得していました。

これらの申請の経緯は、すべて書類にまとめて保管されていたため、東松山市の都市計画課と現在までの状況を整理し、協議を進めることにしました。

東松山市との協議では、まず市街化調整区域に計画することについては、当時の開発許可の時点で審査・許可されており、この敷地に工場を計画しても問題ないとのことでした。

次に機械製造工場が食品工場に変更になる、ということについては開発許可の変更手続き[注1]を行うことで審査をしていくということでした。

工場用途のような、周辺環境に与える影響が大きいとされている用途の建築物をつくるときには、地域によらずさまざまな法規によって規制されていることが多いので、まずそれらの調査を行う必要があります（図2）。既存建物の改修の場合でも、敷地内に緑地や、環境負荷を低減させるための雨水や汚水の貯留槽・排水処理施設等の巨大で設置費用もかかる施設を追加で設置しなければ

170 　第Ⅲ部　事例編

ならないことがあるので、計画の初期の段階で調査をしておかないと、最悪の場合そもそもその敷地では計画できない、という可能性もあり注意が必要です。

今回は都市計画法の規制の内容とあわせて、工場立地法、水質汚濁防止法、大気汚染防止法等の規制を調査しました。そのうち、開発許可に伴う干渉帯、工場立地法で要求される30％の緑地、水質汚濁防止法上要求される工場排水処理施設はすべてすでに設置済みか敷地内に設置可能で、大気汚染防止法の規制はボイラーの規模から対象外となりました。この時点でこの敷地でビール工場を建てることが本当に可能か、という第1段階はクリアしました。

開発許可の変更

開発許可の変更と用途変更の確認申請の要否

都市計画法では、開発許可を受けた土地には、原則として開発許可時に許可を受けた予定建築物以外の建築物は建てることはできません。そこで、先述の

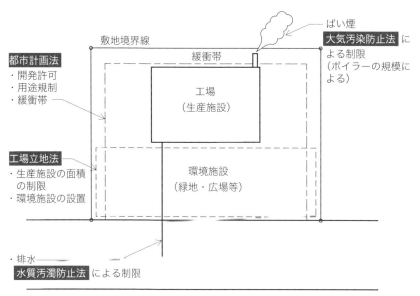

図2　工場に関わる規制

注1：予定建築物等以外の建築等の許可申請（都市計画法42条）に定める手続きのこと。

ように都市計画法上の手続きとして開発許可の変更の手続きを行うこととなりましたが、建築基準法上の用途変更も行われるため、その内容が確認申請を伴う用途変更かどうかを調べる必要がありました。

建築基準法では別表第1（い）欄の特殊建築物の用途（表1）に変更をする場合、200m²を超えれば確認申請が必要ですが、今回の食品工場の用途は、特殊建築物ではあるものの、別表第1（い）欄の用途ではないため、通常は確認申請は不要です。しかし、将来「見学者を入れたい」というビール工場であれば今後必ず考えうる要望が出てきたとしても確認申請が必要ないのか、東松山市と、特定行政庁である川越建築安全センターと協議を重ねました。行政によっては、本来の法の趣旨からは外れますが、「見学者」という言葉に固執して、観覧場や展示場等の別表第1（い）欄の用途と同等の扱いとすべきである、という判断をする審査担当者もいるからです。

結果的に、あくまで主たる用途はビール工場で、見学者にはその生産工程を見せるという目的であれば、建築基準法上の工場の単独用途として扱ってよい、つまり確認申請は必要ないという見解を得ました。

用途変更の場合、確認申請が必要ないという判断を事業者の側でしてしまえば、申請行為がないため、行政判断を伴わずに、自己判断で事業を進めてしまいがちです。下手なことを聞いてしまうとやぶ蛇になると考え、行政とは話をしないほうがよいのではないか、と考えてしまうかもしれません。しかし、建築主事や指定確認検査機関は、判断が分かれるような事案や、社会の変化によって生まれる新たな用途や考え方をどう取扱うべきか、という話し合いを常に行っています。そのため、法の趣旨をきちんと理解して論理的に議論を進めていけば、行政と一致する着地点が必ず見いだせます。H社と私たちはそのよう

表1　別表第1（い）欄の用途

(1) 劇場、映画館、演芸場、観覧場、公会堂、集会場等
(2) 病院、診療所、ホテル、旅館、下宿、共同住宅、寄宿舎、児童福祉施設等
(3) 学校、体育館、博物館、美術館等
(4) 百貨店、マーケット、展示場、飲食店、物販店、公衆浴場等
(5) 倉庫等
(6) 自動車車庫、自動車修理工場等

な認識を共有し、行政と協議を重ねていきました。

STEP 3〜5 調査／予算／スケジュール／プランニングまでをトータルで検討

　次に検討しなければならなかったのは、ビール熟成用の巨大なタンクをどこに配置するか、ということでした。既存の建物は研修所の用途の建物でしたので、天井を壊して上階の床下まで目いっぱい高さを確保しても、通常階は約3.8m、最上階の4階は勾配屋根となっていましたが、中央付近の梁下で約4.5mでした（図3）。

　H社は既存の工場に6000ℓの醸造タンク（高さ4m）を33本持っており、さらに少なくとも2本は新規でその倍の容量の1万2000ℓのタンクを購入し、今後需要が増えればこの1万2000ℓのタンクを増やしていくとのことでした。また、既存のタンクは、現在の醸造タンクでは一般的になっている、タンク自体に保温材を巻いたものではありませんでした。そのため、既存の工場では巨大な冷蔵室の中に置かれていました。新工場でも断熱を施した冷蔵室に設置する

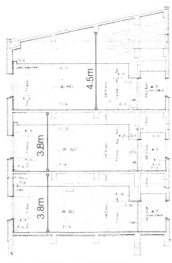

図3　改修前の技術棟断面図

図 4　改修前の建物配置図

か、タンク1つ1つに保温材を新たに巻いていくか、どちらかの方法を取らなければなりません。また、新たに購入予定の1万2000ℓのタンクと、仕込み用の窯はいずれも高さが6m以上あり、既存の階高では到底おさまりません。そこで、建物の外に屋外設置用のタンクを設けるか、タンクを設置する部屋の上階の床を抜いて建物内に設けるかを検討する必要がありました。

タンクをどうするか？　ということは、計画を進める上での最重要事項でした。部屋の模様替えやオフィスのレイアウト替えをすると分かると思いますが、まず大きなものから配置を決めずに小さなものや、細かい配置を決めていくと、あとで大きなものの配置が変わってしまったら全部最初から考え直さないといけません。それと同様に、この物件でも、まず高さも大きく、占有面積の割合も多い新旧のタンクの配置を決めていきました。新設タンクについては、生産工場部分とタンクの配置関係、既存機械室との配置関係、屋外用タンクのコストと床を抜くコスト、将来の拡張性等さまざまな条件を検討した結果、既存建物のうち技術棟と呼ばれていた、講義室の並ぶ棟に、上階の床を抜いて設置することにしました（図4）。管理棟はエントランスホールや講義室等が残っていたのでそのまま利用することとし、宿泊棟は閉鎖して利用しないこととしました。見学者に、ビール工場を見学してもらった後、ビールを飲んでそのまま宿泊してもらう計画も非常に魅力的ではありましたが、宿泊施設とするには旅館業法や消防法などさまざまな要件をクリアする必要があるため、今回の計画では予算、スケジュールの観点から断念し、将来工事とすることにしました。

次に既存タンクの設置箇所を検討するため、タンク製造業者の意見を聞いたところ、すでにでき上がったタンクに保温材を巻いていくには職人が手作業で1つ1つ巻いていくという方法しかなく、1本100万円程度かかることが分かりました。今回既存タンクの本数が33本と多いため、非常にコストが高くなってしまいます。そこで、工事業者に確認したところ、建物を断熱する場合2000万円程度で、こちらのほうがコストが抑えられることが分かったため、新工場でも旧工場と同じように断熱を施した冷蔵室を設けることとしました。

既存タンクの高さは4mと新設タンクと比較すると低く、技術棟の最上階であれば4m以上の高さを確保できるので、最上階の室内に断熱を施して冷蔵室

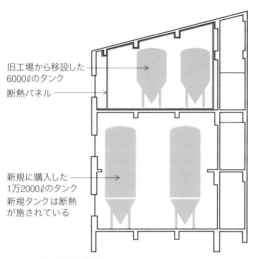

図5　計画案技術棟断面図

改修前の様子

既存の醸造タンクを設置した醗酵室は断熱し、冷蔵室としている（撮影：shuntaro / bird and insect ltd.）

新規醸造タンク。新規タンクは断熱材が巻かれているため、室内は断熱不要

図6　改修前後の様子

とし、既存タンクを設置しました。新設タンクと新設仕込み窯は、この直下の
フロアを2層分吹抜けにして設置することとしました（図5）。

▌構造的な検討と大規模の模様替え

タンクや仕込み窯を室内に搬入するためには一部の耐震壁を撤去する必要が
ありました。また、最上階に設置する醸造タンクは、中にビールを充填した状
態で設置することになるため1本6tという重さになり、既存の建物で想定され
ていた積載荷重を超えることは明らかでした。これらを構造的に問題ないよう
に計画する必要があります。

また、大規模の模様替え → p.85 の確認申請が必要になるか、という点も確
認する必要がありました。

大規模の模様替えに該当して確認申請を提出する場合、この建物のようにい
わゆる旧耐震の建物であると、現行法規に適合しない部分について詳細な検討
を要求されることや、一部耐震補強を求められる場合があります。この建物は
計画前にすでに行われていた耐震診断の結果や、建物の施工状況の良好さから、
大規模の模様替えに該当しない、確認申請の不要な規模、すなわち主要構造部
の過半を超えないような規模に改修部分を抑えたほうがコスト的にも、工程的
にも合理的であると思えました。

さらに、この計画で重要な点は、構造的な耐力を落とさず、かつ将来のタン
ク増設に対していかに配慮した計画とできるか、という点でした。既存の建物
の耐震診断の結果は良好で、建物のどの部位を選んでも Is値 → p.98 は0.6以上
確保されていました。

しかし、タンクを入れるために撤去する一部の耐震壁は、運用上も今後のタ
ンクの増設を考えると、なくしたままの状態で、搬入動線を確保しておく必要
のある箇所もありました。

また、最上階の積載荷重が増えるということは、下の階も含めて地震時に受

注2（次頁）：建物に対して地面と水平な方向に加わる力のことで、風圧力や地震力があります。特に
　　　　地震の時に最下階に加わる水平力は、上階の積載荷重をすべて合算して計算するため、上階に重
　　　　いものが載っていればいるほど大きくなります。

第3章　商業系、宿泊施設、工場等への大規模な改修　*177*

ける水平力注2が大きくなるため、そのための補強も必要でした。そこで、水平力も負担することができ、もちろんタンクの鉛直力も受けることができるような、やや扁平な柱を耐震壁の端部に設置していく計画としました。

　大まかなタンクの配置計画や構造計画ができてきたので、この時点で構造的な部分も含めて大規模の模様替えの確認申請の要否を行政に確認しに行きました。まず、この建物がエキスパンションジョイントで構造的に分離されていることをどう捉えるか、という問題がありました（図7）。エキスパンションジョイントとは、特に異なる構造（たとえば鉄骨造と鉄筋コンクリート構造など）を分割し、地震や温度変化による材料の収縮などによって、建築物にかかる有害な力を伝達しないようにするための継目のことです。

　技術棟部分の面積は建物全体の面積からすると半分にも満たないのですが、技術棟はこのエキスパンションジョイントで他の棟とは構造的に分離され、さ

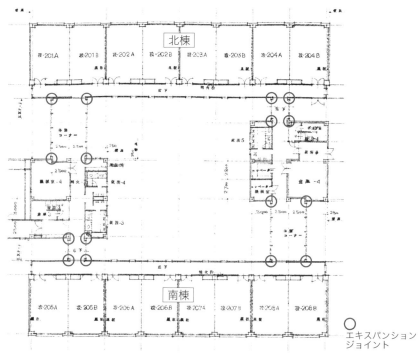

図7　改修前の技術棟部分平面図

178　第Ⅲ部　事例編

らに技術棟自体も細長い鉄筋コンクリート造の2つの建物（北棟・南棟）と、それをつなぐ鉄骨造の渡り廊下の建物で構成されており、それぞれがエキスパンションジョイントで分割されていました。

タンクを設置する部分は北棟に集中していたため、建物全体の面積で考えるより、北棟だけで見て過半の改修工事を行うかどうかを判断するほうが、主要構造部の改修によって構造上の問題点がないかチェックするという法の趣旨を考えると適切であると思えました。

今回改修を加える主要構造部は床と壁でした。壁については北棟全体の壁面積と比べると、明らかに半分以下の面積でしたので、問題ありませんでした。床については、最下階の床は主要構造部から外れることになっていますので、地上3階建ての北棟の床のうち、2層目と3層目の床が主要構造部になります。2層目の床をすべて撤去してしまうとちょうど半分の面積ですが、一部を見学者用の休憩スペースを設けて残し、撤去部分は半分以下となるように抑えました。法的な制約によって生まれるスペースを、使い勝手の良いプランとなるように工夫したのです（図8）。

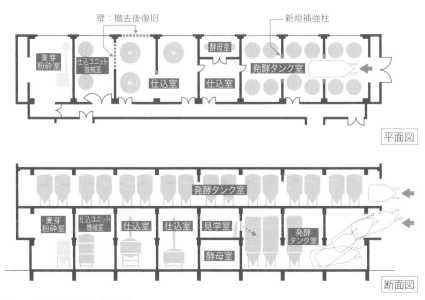

図8　計画案平面図、断面図

以上から、今回の計画は、かなり保守的な考え方をしても大規模の模様替えには該当しないと考えられました。

　上記の考えを川越建築安全センターに持って行ったところ、その考え方で問題ないという見解を得ました。これでタンクの設置場所が決定し、この改修工事では、大規模の模様替えについても申請は不要で、必要以上の耐震補強も不要であることが分かり、構造的な検討は目処がつきました。

▌設置場所が決まらなかった冷蔵庫スペースは、あえて新築に

　その後全体の配置計画を詰めていき、南棟の１層目に缶、瓶、樽詰めを行う出荷準備のスペースと濾過室（ろか）を設け、その上階にベルトコンベアーで上下階を接続して缶、瓶等の保管庫を設け、最上階は将来対応の冷凍室設置のスペースとしました。

　残るは出荷前に製品を保管しておくための冷蔵庫スペースですが、トラックの搬送ルートとして想定されていた南側の搬入路と最終工程の缶・瓶・樽詰室となる南棟の最下階の床とは3mの高低差があったため、トラックから直接の受け渡しが不可能でした。そこで、荷捌き・仕分けスペースと冷蔵保管スペースを併設した冷蔵庫棟を別棟で増築し、この増築棟の荷捌き部分をトラックヤードとして段差を解消するのが最も効率的な配置であると考えました（図9）。

　大きな建物の改修計画を立てる場合、すべて既存の建物で賄ってしまいたくなりがちです。建物があるのに使わないのはもったいないという気持ちは、お金を出す事業者の立場としては分からなくはありません。ましてや今回のプロジェクトのように、既存の建物のうち使わない部分のほうが多いのに、増築をするなんて、無駄じゃないのか？　と思われるかもしれません。

　私たちも最初はそのように考え、最終的に将来対応の冷凍庫スペースとした南棟の最上階や、使わない宿泊棟のほうに冷蔵倉庫を設けられないか検討してみました。しかし、部屋が小割になっていることで断熱パネルの面積が大きくなってコストがかかってしまうことや、この工場で非常に重要なフォークリフトや搬出入のトラックの動線を考えると、どう考えても現実的ではありませんでした。最終的に、これらの使わない部分を、壁を壊すなど改修して使うより、

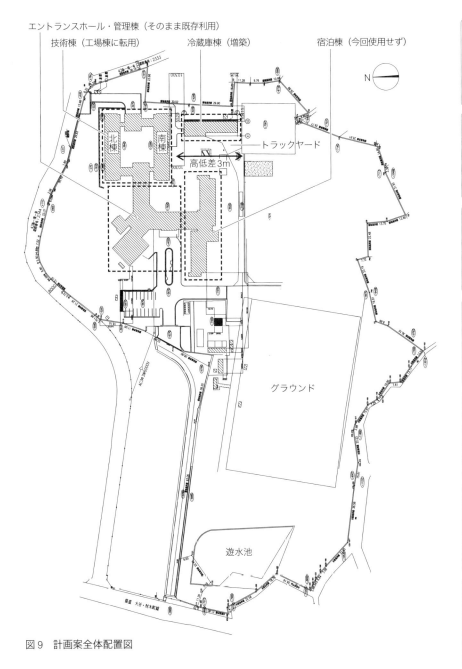

図9 計画案全体配置図

ローコストな建物を適切な場所に建てたほうがコスト的にも工場としてのオペレーション的にも良いと判断しました。

このように、改修や転用のプロジェクトでも、規模が大きい場合は、建物だけを見るのではなく、敷地全体を俯瞰してみて、改修だけにとらわれず、どういう解答が適切なのかさまざまな検証を積み重ねて判断していく必要があるのです。

この本で再三述べてきたように、建物というのは竣工時の用途に最適化されてつくられているので、新たな用途に転用する場合には、元のスペースをどのように使うのが最適なのか、立体的に考える必要があります。今回の場合は「講義室」という講義を行うために最適化されていた室を上下2層分吹抜けにすることで、「発酵タンク室」や「仕込み室」等に転用しました。

一方で、既存の建物だけで解決できないのであれば、建物を増築したりといった手段も使っていくような柔軟な対応が必要になるのです。

▌経営判断するために、同時並行で複数の案を検討

ここまで今回のプロジェクトの内容を一通り説明してきましたが、一部改修＋別棟増築という方法で進めることが最初から決まっていたわけではありません。さまざまな可能性を検討した上で、この案が最良である、という結論に至っています。

最初にこの敷地で計画を進めるにあたっては、元々敷地がとても広く、環境には恵まれていましたので、既存の建物をすべて改修して利用する案から、既存の建物は一切使わず、敷地の空いた部分にすべて新築する案までいかようにも計画をすることができました。しかし前者の案は先に述べたように宿泊棟部分が活用しづらいため、難しいと判断しました。後者の案は、必要な機能だけに絞って、いわゆる工場然とした、平屋のローコストな建物を建てれば、ビール工場に最適化した建物を建てることができるので、しばらくは有力な案でした。敷地の北半分には既存建物が建っていて、そのさらに北側は深い森になっていたので、ここに建築することは不可能でした。建てるとすると、何もない敷地南側中央のグラウンド付近が良いと思われました。しかし、敷地のさらに

182　第Ⅲ部　事例編

南には川が流れており、既存の建物の建っている付近と比べると、かなり地盤が悪いことが分かりました。川の近くは、川が長い年月をかけて運んできた土砂が厚く堆積していることが多く、地盤が悪くなりやすい傾向があります。そのため、南側に建物を建てるには、タンクの重量やフォークリフトの荷重を考えると、どうしても杭が必要になることが想定されました。また、工場のオペレーションとしては平屋のほうが使いやすいのですが、平屋にすると基礎の面積が広くなり、その分杭の本数も多くなることが予想されました。階数を増やして基礎の面積を減らし、杭の本数を減らせばコストを落とすことは可能と思われましたが、せっかく建物を建てるのに、オペレーション上使いにくいものを新規で建てるというのは本末転倒なので、この案も採用されませんでした。

　この時点で残ったのは改修＋増築案となりましたが、増築する面積をどの程度にするのが適切なのかを検討していきました（図10）。

　これらの判断は、H社の社長だけでなく、工場長を含む社員の方々がその都度判断をして進めていきました。

同時並行設計方式		A案〈現状案〉	A'案〈リノベ案2〉	B案〈リノベ案3〉	C案〈リノベ案4〉	D案〈新築案〉
		既存1800m²+α(廊下等)	既存1400m²+α(廊下等)	既存1000m²+α(廊下等)	既存600m²+α(廊下等)	
			新築200m² 新築400m²	新築1000m² +α(廊下等)	新築1500m² +α(廊下等)	新築2000m² +α(廊下等)
		新築400m² 新規12ℓタンク：建屋	新規12ℓタンク：中庭	新規12ℓタンク：外置	新規12ℓタンク：外置	新規12ℓタンク：外置
建設費用	建築費用 新築部分	***	***	***	***	***
	リノベ部分	***	***	***	***	***
	プラント設備 タンク	***	***	***	***	***
	配管	***	***	***	***	***
	ろ過・ビン詰め機	***	***	***	***	***
	外構 道路舗装	***	***	***	***	***
	外構	***	***	***	***	***
	その他設備 排水処理	***	***	***	***	***
	井戸設備	***	***	***	***	***
	設計料・諸費用	***	中中中	小小小	***	***
	合計	***	***	***	***	***
評価	経営戦略性 ブランドコンセプト	◎	◎	○	○	△
	市場や地域への追求	◎	◎	○	○	○
	環境面	△(樹木伐採)	◎	○	○	△(将来利用)
	生産稼働性 生産機能性	△(職人・4Fタンク)	○	○	◎	◎
	拡張性	△	○	◎	◎	◎
	安全衛生面	△	○	◎	◎	◎
	建築事業性 イニシャルコスト	◎	○	○	○	△
	ランニングコスト	○	○	○	○	○
	事業工程	○	△	○	○	△(要開発申請)

※ろ過タンク、びん詰め機械の費用は含まず　　　　　　　　　　　　　　　　　　+杭　　+杭

図10　検討時の資料。すべて新築からすべて改修まで、さまざまな案が検討された

第3章　商業系、宿泊施設、工場等への大規模な改修　　183

この計画のような自社事業を行う施設では、案によって生産量にも影響しますし、会社の成長スピードや事業の拡張性も視野に入れなくてはいけません。一方でこの計画にかかる予算も本業の事業を圧迫するものであってはなりません。事業者はこうした複合的な要素をもとに判断する必要があるため、複数の案を同時に計画することが有効であったのです。

建物への投資は経営や売上向上につながるものである反面、法律・構造や新築・改修といったさまざまな変数を入力することで、アウトプットが大きく変わってしまうので、単純なコストや効率性だけでは判断できない難しさもあります。H社が素晴らしかったのは、その点を「その分やりがいもある」として積極的にこの計画に社員一丸となって取り組み、自分たちの工場はどういうものが最適なのか、ということをプロジェクトの最初から最後まで考え続けたことです。

┃ まとめ ── 中小企業にとっての建築事業とは？

「自社工場を持つ」という大きな決断をしたH社ですが、この計画が万が一失敗に終われば会社の存続に関わるような大きな損失になっていたはずで、大きな賭けであったと思います。しかし、複数の案を同時に検討し、机上の計画の中で「失敗」を経験することで、その知見を次に活かし、プロジェクトをより良いものにしていきました。

この計画では成否を左右するような大きな事業判断が何度かありました。その中にはタンクをどうするか？　といった、「建築以外の部分ではあるけれど建築と密接に関係のあるものをどうすべきか？」という事業者にとって非常に難易度の高い決断を迫られる場面がいくつもありました。しかし、この計画は結果として、さまざまな建築分野の専門家や職人がその職能を超えて全体最適な方法を検討することでうまくまとめることができました。プロジェクトに求められる内容の専門性が高い場合には、さまざまな職能がその領域を飛び越え、理解しあって進めることが重要なのです。

計画を進める上での事業判断には、コストや工期といった直近の収支に関わるものはもちろん、開業後の人員や備品、フォークリフトなどの作業機械も含

184　第Ⅲ部　事例編

めた計画や、会社のその後のイメージといったことまで含まれるでしょう。

　事業者、特に中小企業の経営者は、建築プロジェクトを行うにあたって、専門家にどういった動きをしてほしいのかを自問し、詳しい技術的な内容や、法的な内容は分からないとしても、彼らがどういったことをやろうとしているのかをある程度理解して、その上で自社の事業にとってその建築プロジェクトがどうあってほしいのか、どうあるべきかを彼らにアナウンスする努力を常にし続けなければならないのです。

　自社の建物のあり方を考えることは、自社の事業のあり方を真摯に考えることでもあるのです。

事例 3-3　　　　　　　　　　　　　　オフィスビル ➡ ホテル

法規をクリアしながら
事業性を最大化する

`# 用途変更` `# 既存不適格` `# 違反建築物` `# 特殊建築物` `# 床面積調整`
`# 駐車場／駐輪場の容積緩和` `# 異種用途区画` `# 竪穴区画` `# 開業認可` `# 消防法`
`# オーナー` `# テナント`

　少子高齢化や人口減少の影響で住宅需要が減っている一方で、国の観光立国推進政策により、宿泊施設への改修需要は高まっています。オフィスやマンション等の手持ちの物件を宿泊施設にできないかと考えている方も多いのではないでしょうか。

　しかし、宿泊施設は建築基準法、消防法による避難、安全、衛生面での規制も多く、旅館業法による開業認可も必要になります。また、容積率の算定や、採光規制などに注意しないと、思い描いた形・数の客室をつくることができず、収支に大きな影響が出る場合もあります。

　その他、設備機器の負担も大きいので、それらの設置場所、コスト感も早めに押さえておく必要があります。

　実際の事例をもとに、宿泊施設に用途変更する際の注意点を見ていきましょう。

> ☞ **チェックポイント**
>
> ✓ **宿泊施設が営業可能な地域か？** ── 宿泊施設をつくることができる地域は限られている
> ✓ **容積率は規定に収まっているか？** ── テナントを追い出さず、事業性も保つ方法
> ✓ **消火設備の基準は満たしているか？** ── 宿泊施設には自家発電装置が必要な場合も
> ✓ **受水槽は必要か？** ── 宿泊施設は水の同時使用が多い
> ✓ **避難階段や防火区画は適切か？** ── 複合用途の場合でもコストをかけずに安全性を担保
> ✓ **窓がない客室はないか？** ── 事務所や店舗がもとになる場合は特に注意

186　第Ⅲ部　事例編

事業データ

竣 工 年	1989 年	構　　造	鉄骨造一部鉄筋コンクリート造
所 在 地	京都府京都市	階　　数	地下 1 階、地上 6 階
用途地域	商業地域	最高高さ	19.9m
その他の規制	準防火地域、高度地区、美観地区	耐震基準	新耐震
延べ面積	約 1133.05m²	確認済証	取得済
既存用途	事務所、物販店舗、サービス店舗	検査済証	取得済（検査後工事にて違反状態）
計画用途	ホテル、物販店舗、サービス店舗、駐輪場	工事期間	2016 年 9 月～ 2017 年 3 月
		工事金額	非公開

STEP 1 マンションデヴェロッパーのホテル事業への挑戦

　この物件は、都内に本社を置くI社という大手住宅販売会社グループから、新規事業として宿泊施設に取り組んでいきたいということでご依頼いただいた案件でした。I社は、主に都内の中心部で、新築マンションや戸建住宅の開発分譲を行っている会社です。お話を伺うと今後はリノベーションを中心とした既存物件の開発事業や、新たに商業分野での開発も増やし、ホテル開発事業にも取り組んでいきたいということでした。

　今回の物件はI社にとって、

1. マンション開発ではなくホテル事業
2. 新築物件ではなく既存物件の改修
3. 首都圏ではなく地方への進出

という 3 つの「チャレンジ」があり、コストメリットはもちろん、少子高齢化等の社会的な情勢の変化に伴う消費者のニーズの変化や自社の企業イメージの発信を視野に入れると、どの「チャレンジ」もI社の今後のためには必ず取り組んでいくべき分野であり、とても重要なプロジェクトであるとのことでした。

インバウンドでニーズが高まるが、宿泊施設は法的な規制が多く難易度が高い

　訪日する外国人の増加や、「国を挙げて観光に力を入れていく」という政府の

方針が浸透してきているようで、私たちにも宿泊施設への改修依頼がたくさん来ます。しかし、宿泊施設の法規制は、建築基準法や都市計画法、消防法のほか、旅館業法、上・下水道法等さまざまな規制があり、一般の方にはすぐに可否を判断しづらいことから、事業者さんと協議を進めると、残念ながら断念せざるを得ない事例もたくさんあります。

たとえば、「すぐ近くに大きなホテルがあるし、商業地域だから用途的には大丈夫だと思うのですが」といって戸建て住宅を簡易宿所に変えたいという相談をいただいたことがありました。しかしその物件は東京都の渋谷区にあって、渋谷区では、規模を問わず、宿泊施設には一定規模のロビーや食事スペースを設けることが条例で求められているのです。そのため、小規模な住宅を改修して簡易宿所等にする場合は客室にすることができる面積が極端に少なくなって事業性が悪くなり、事実上つくることができないのです。

この問い合わせをいただいた方は渋谷区に事務所を構える不動産事業者で、

図1　改修前（上）、改修後（下）の様子　(撮影［下2枚］：下村康典)

都市計画区域の規制についてはそれなりに明るい方だったのですが、それでも
こういった条例の内容までは把握できておらず、計画を進めることができずに
いました。

このように多岐にわたる宿泊施設に関する法的な規制の概要と、どういった
点に注意して計画を進めていくべきかを、実際の事例を通して見ていきます。

この事例の物件の場所は、京都市の三条、鴨川の近くです。交通の便も非常
に良い恵まれた立地に、地下1階地上6階のオフィスビルが建っていました。
延べ面積は約1180m²で、竣工時には地下1階が機械式駐車場になっていたので
すが、現状ではサービス店舗のテナントになっていました。事例3-1で述べた
ように駐車場用途は容積率が緩和されますが、竣工当初はその緩和を受ける前
提で容積率いっぱいまで建てていたようです。そのため、現状は容積率がオー
バーしている状況でした。

この物件を、違法状態を解消し、かつ用途変更してホテルにしたい、という
ご依頼でした。

STEP 2 地域の規制を確認する

▌宿泊施設は近隣への影響が大きい施設

宿泊施設の用途にはさまざまな法規制が関係しますが、まずこの地域に建て
てよい用途かどうかを確認していきます。

宿泊施設は不特定多数の人が出入りしたり、最近では少なくなりましたが、
外国人が出入りする施設を嫌がる人も多かったため、比較的周辺環境への影響
の大きい施設と捉えられていて、都市計画法でも住居系の地域では第二種住居
地域、準住居地域以外では建てることはできません。また、それら住居系の地
域外であっても、地区計画や建築協定等で用途制限されていることが多いので、
注意が必要です。そのため、この物件でもまず地域の規制を確認することから
始めました。京都市のホームページに掲載されている都市計画情報を確認し、
念のため実際に都市計画課に電話で地区計画、建築協定の有無をたずね、この
地域では宿泊施設の設置には制限がないことを確認しました。

第3章 商業系、宿泊施設、工場等への大規模な改修　*189*

次に、旅館業の営業許可を行う保健所に確認を行います。宿泊施設は先に述べたように、周辺環境への影響が大きい施設と捉えられているため、周辺に学校や福祉系用途の施設、図書館等があると、それらの施設に対して計画内容の照会や、近隣住民に対しての説明会などが必要になります。

　また、京都市の場合は旅館業法の規制内容についての保健所との事前協議が終わっていないと、新築、用途変更を問わず確認申請が提出できないため、着工までのスケジュールがこれらの協議によって大きく左右されます。

　このあたりは、計画地の市町村の保健所の指導によって手続きが違うので、計画の初期段階で確認することが重要になります。

STEP 3 既存建物の状況を確認

▍容積オーバーを解消する方法を検討

　地域の規制を調べ、問題がないことが確認できた時点で、今度は建物の状況を確認していきます。

　この物件は、完了検査済証は取得していたのですが、機械式駐車場だった時期の図面がありません。おそらく、そもそも違法増築する前提でつくられていたようです。

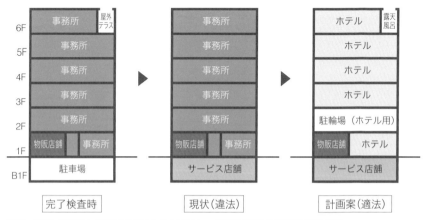

図2　用途の変遷と容積を表すダイアグラム。白抜き部分が容積対象外部分

また、既存図面では、最上階である6階の一部に屋根のないテラスを設けて容積を調整しているようでしたが、現状はその部分に屋根をかけて室内にしていて、さらに容積をオーバーしている状況でした（図2）。

　この物件をホテルに用途変更するにあたり、容積オーバーのままだと確認申請が通らないため、I社と協議を重ねました。通常は地下1階を駐車場に戻すのが一般的な考え方かと思いますが、カーリフトを入れたりするので工事にもコストがかかるし、すでに入っているテナントに立ち退いてもらうのにもコストがかかります。そこで、地下1階はそのままにして、2階を駐車場と同じく容積緩和の対象となる駐輪場にしてはどうか、という話になりました。そうなれば、ホテル運営上もレンタサイクルというオプションをつけることができ、工事も簡単に済むのでコスト的なメリットも大きいと思われました。

　そこで、京都市に今後の手続きを進めるにあたって確認したところ、「サービス店舗は別表第1（い）欄の特殊建築物の用途ではないため、駐車場からサービス店舗への用途変更の確認申請は不要であり、このことについての手続き違反はないので、今回のホテルへの用途変更申請の中で現状の容積オーバーを是正するということであれば、この計画で進めてよい」ということになりました。

　用途変更の確認申請を行うにあたって通常は、

　①確認申請を提出し、完了検査を受けていること

　②現状適法であるか、既存不適格であること

　③竣工後の手続きに違反がないこと

が条件になり、一般的には違反部分を是正してからでないと用途変更の確認申請を受けつけないという行政が多いのですが、京都市との協議では、①、③は満たしており、②の違反部分については、用途変更の確認申請で適法な状態となるような計画を提出し、その後の用途変更の改修工事と一緒に是正工事を行うことが認められたのです。

　容積を調整する中で、屋根をかけて違法増築していた6階の部分については、床面積を減らすために屋根を取りました。そして、I社、デザイナーとの打ち合わせの中で、どちらにしても屋外にする必要があるのならば、それぞれの部屋から占有できる屋外スペースとして、露天風呂や、各室の専用テラスとして日

図3 屋根を抜いた直後（左）、完成後の日本庭園風のテラスと露天風呂（右）（撮影［右］：下村康典）

本庭園のようなしつらえにしよう、となりました（図3）。こうすれば容積対象面積としては減るのですが、ホテルの宿泊客からすれば使える面積が減るわけではなく、さらに最上階だけに設けられたラグジュアリーなスペースとして活用できるので、ホテルの売りになります。

通常はネックとなる違法部分を是正しつつ、むしろ積極的に利用していこうとしたのです。

STEP 4 計画の成否を左右しかねない、宿泊施設に必要な設備

屋内消火栓と受水槽はコスト大

少しここからは専門的、特に設備的な内容の話になっていきます。やや難しいと感じられる方もいるかもしれません。しかし、改修工事の場合、これらをクリアできないと、事業の予算が何千万円単位で変わってきてしまい、下手をすると計画が破綻するくらいの大きな内容となる場合があります。ある程度規模の大きな改修工事となると、設備の内容がコスト的にもスペース的にも大きなボリュームを持つため、ステップ2で述べたような、宿泊施設を建ててよいエリアか、協議や手続きのスケジュールはどうなるか、といったことと同様ごく初期の段階での調査が必要です。

まず、消防法の規制では、屋内消火栓設備の要否が1つの分岐点になります。

図4　屋内消火栓設備

表1　屋内消火栓の設置要件（単位：m²）

防火対象物区分 (令別表第1)			設置基準	一般			地階・無窓階・4階以上の階		
					1	2	3	1	2	3
					木造等	耐火構造 または 準耐火構造 ＋内装制限	耐火構造 ＋内装制限	木造等	耐火構造 または 準耐火構造 ＋内装制限	耐火構造 ＋内装制限
					延べ面積	延べ面積	延べ面積	床面積	床面積	床面積
･	･	･	･	･	･	･	･	･	･
5	イ ロ	ホテル等 共同住宅等		700	1400	2100	150	300	450
･	･	･	･	･	･	･	･	･	･

　屋内消火栓設備は機器自体のほかに、専用の配管や、非常用電源等それに付随して整備しなければならない項目が多く、要否で大きくコストが変わってくる設備です。

　屋内消火栓の設置要件となる延べ面積700m²という規模は、内装の仕上げに難燃材料以上の性能のものを使用した準耐火建築物の場合、または内装の仕上げに関わらず耐火建築物の場合は倍の1400m²まで、また耐火建築物で内装の仕上げに難燃材料以上のものを使用すると3倍の2100m²まで緩和されます（表1）。この屋内消火栓の規制は、宿泊施設に限らずどの用途でもかかってく

る規制ですが、宿泊施設用途の場合は、屋内消火栓設備用の非常電源として自家発電装置や蓄電池設備等を設置しなければなりません。自家発電装置は小型のものでも、幅3m×奥行1m×高さ2m程度の大きさで、周囲に保安用のスペースも確保しなければなりません。また、設置する場所によっては装置の荷重も考慮が必要です。

　今回の建物では、消防からはすでに違法増築の指摘がされていて、「6階に増築した屋根の部分の耐火性能が確認できないので、耐火建築物とは認められず、屋内消火栓を設置しなければならない」という指導を受けていました。消防と協議したところ、今回の用途変更の改修工事の中で耐火性能が確保できることが確認できれば、延べ面積が約1180m²の耐火建築物なので、屋内消火栓は自主設置として自家発電装置は免除してよい、ということになりました。もし今回の建物が2100m²を超えていた場合は屋内消火栓設備が自主設置ではなくなり、自家発電装置も設置が義務になります。自家発電装置は規模や設置箇所にもよりますが、数百万円程度かかるため、事業コストを圧迫しかねません。このことから、計画の初期段階で要否を判断しておく必要性の高い設備であると言えます。

　もう1つ、宿泊施設に必要な、設置コストの大きな設備として受水槽があります。宿泊施設は給水の同時使用が多い施設なので、水道法や都道府県の給水装置設置基準で、ピーク時に必要な水量の半分は受水槽で確保しなければならないとされています。今回は地下1階のドライエリア部分に既存で1万ℓの受水槽があり、これを利用することで賄えることが分かりました。通常はこういったケースはまれなのですが、今回は地下にドライエリアがあったことから、比較的余裕のある受水槽設置スペースが確保されていました（図5）。もしこの受水槽や設置スペースがなかった場合、屋上や敷地内の空いたスペースを探して設置することになります。屋上等に設置スペースがあった場合は受水槽を設置するだけなので数十万円程度の出費で済みますが、もし設置スペースがなかった場合、スペースを確保するための工事が必要になり、その上、客室や店舗といった採算性のある部分の面積を圧縮せざるを得なくなります。計画全体の規模にもよりますが、採算性を考えるとホテルへの用途変更を断念せざるを得

ない場合もあります。

このため、屋内消火栓設備と同様、受水槽も計画の初期段階から設置の要否、特に設置場所を確保できるか調査しておくことが重要になります。

STEP 5 プランニング

▍既存建物の設計意図を理解すれば、工事コストを低減可能

階段の規制を整理する —— 直通階段？または避難階段？

その他の規制としては、宿泊施設、特にホテルの場合は中層、高層になる場合が多く、廊下や階段といった避難施設に関しても消防法、建築基準法とも規制が多くあります。特に階段は建物の規模に応じて幅や個数、居室からの避難距離などさまざまな規制があり、また建築基準法の屋外避難階段、または一定の基準を満たした屋内避難階段を設置すれば消防法の避難施設の個数の減免を受けられるなど、別の法規同士が影響しあう規定もあります。改修工事の場合は既存の階段が「避難階段[注1]」として認められているのかどうか判断しづらいことも多く、それによって内部の計画も変わってきます。

今回の建物では、2つある屋外階段（図6）がどのような意図で設置されていたのかを汲み取ることが計画上とても重要でした。

この建物は、道路から見て奥側に屋外避難階段が2か所あると思っていたのですが、よく調べていくと、屋外避難階段とはみなせない箇所がいくつか出てきました。

屋外避難階段はその名の通り「屋外」であることが重要視されている階段です。室内で火災が起こったとしても、屋内から完全に区画されていることで安全に避難することができるように考えられているのです。そのため、建築基準法では、屋外避難階段から2mの範囲には、階段への出入口以外は、換気口や配管のための小さな開口も、煙や炎の流出を防ぐために設けてはいけないことになっています（図7）。

注1：建築基準法では、避難施設としての階段を①直通階段、②避難階段、③特別避難階段の3つに分け、後者になるほど避難上重要な階段と位置づけ、規制の厳しいものとしています。

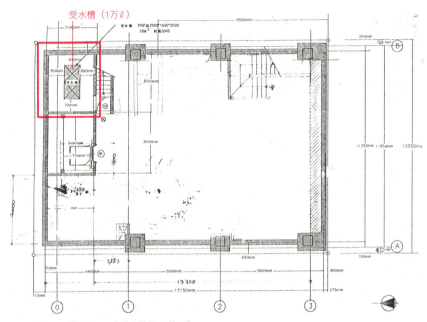

図5 地下1階平面図（受水槽設置箇所）

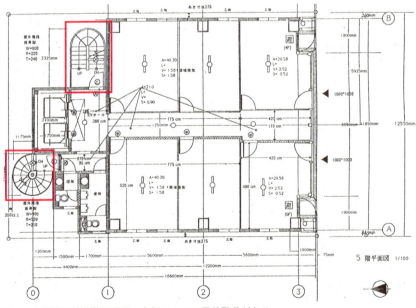

図6 改修前の基準階平面図。奥側に2つの屋外階段がある

ところがこの建物では、屋外階段の脇に縦の配管がすべてまとまっており、そこから室内に壁を貫通して入っているのです（図8）。つまり、屋外階段から2m以内の範囲に開口がたくさん開いているのです。そこで、この2つの屋外階段は避難階段ではなく、避難階段の設置を免除する何らかの緩和を受けている可能性が高いと判断しました。

　そこまで調査してから再度図面をよく見てみると、改修前平面図の中央部分の壁に網掛けがしてあり、一般の壁とは仕様が違うようでした。そこで、この壁が耐火構造の壁であれば、建築基準法施行令122条のただし書きによる緩和であろうことが推測されました。

　令122条のただし書き[注2]緩和とは、耐火構造の壁等で各階を100m²以内に防火区画することで避難階段の設置を免除することができる緩和規定のことです。今回の建物は1フロア約160m²程度なので、中央付近にあるこの網掛けの壁が

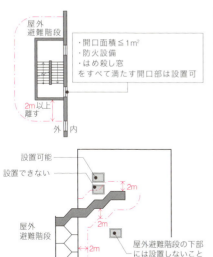

図7　開口を設けてはいけない、屋外避難階段から2mの範囲

図8　既存の屋外階段。2mの範囲内に出入口以外の開口がたくさん開いていることを現地で確認し、屋外避難階段と考えると矛盾があることが分かった

注2：主要構造部が耐火構造である建築物で床面積の合計100m²（共同住宅の住戸の場合は200m²）以内ごとに耐火構造の床もしくは壁または特定防火設備で区画されている場合、避難階段、または特別避難階段の設置を免除されます。

第3章　商業系、宿泊施設、工場等への大規模な改修　　197

耐火構造の壁であれば100m²以内に防火区画できることになり、避難階段が免除されるのです。その後解体工事の途中でこの壁を調べてみたら、やはり上階のスラブ（床）注3まで到達していたので、この推測通り耐火構造の防火区画壁であったと判断しました。

　その上でプランニングを進めるにあたってはこの考え方を踏襲しないと、2つの屋外階段を避難階段として成立させるために大がかりな改修工事が必要になります。この建物は屋外階段を下りてきた後に、1階で再度建物の内部に入らないと道路に避難することができない構造になっていて、現在の京都市の規定に適合しません。また、これが認められたとしても、先に述べた縦の配管の開口をすべて埋め、配管ルートをすべて変更するなど大幅な改修をしなければなりません。そこで、用途変更後のホテルの平面計画でもこの100m²以内の防火区画の考え方を踏襲しています（図9）。いずれにしても、ホテルの用途の場合は114条区画注4という規制の適用を受け、避難経路となる廊下と、客室とを防火区画し、さらに3室以下かつ100m²以下に区画しないといけないのです。これらは令122条のただし書き緩和の区画と兼用できるので、他の方法を採るよりずっと安価で済ませることができます。このように、改修工事の場合は既存の建物の設計者の意図を汲み取って、さらにいろいろな条件を総合的に判断して、最もコストのかからない計画を考えることが重要です。

▌部分的な改修の場合に注意すべき防火区画 ── 異種用途区画

　また、事例2-1で述べたように、建物の一部を用途変更して利用する場合、異種用途区画 ➔ p.105 が必要になる場合が多くなります。今回の建物も、既存のテナント部分、つまり地下1階のサービス店舗と1階の物販店舗が、別表第1の特殊建築物であるホテルの用途から見て「その他の用途」となるため、ホテル部分とこれらを防火区画する必要がありました（当時 ➔ p.105 注10、図10）。

　既存用途の事務所部分とサービス店舗部分、および物販店舗部分との用途境は天井から床までのガラス間仕切りになっていて、それでは防火区画壁の仕様を満たさないため、この部分を改修する必要がありました（図11）。しかし、ガラス間仕切りを撤去して、新たに防火区画の壁をつくると、撤去費用がかか

るだけでなく、既存のテナントの営業に支障があるため、既存のガラス間仕切りを残したまま、片面張りの耐火ボード ➡ p.206 の壁を設置することにしました。ガラス面にはシートを張って、テナントの側からは耐火ボードの裏側や、下地材が見えないようにしています（図12）。

　防火区画の規制は用途変更の場合は原則既存不適格 ➡ p.53 のままで構いません。しかし、用途変更することによって新たに発生する防火区画については、既存遡及 ➡ p.32 が求められるので注意が必要です。どういうことかというと、今回の物件では、エレベーターの扉の遮煙性能が、現在の規定を満たしていないため、竪穴区画 ➡ p.75 が既存不適格になっています。しかし1〜6階のエレベーター部分の竪穴区画は、用途変更を行っても同じ「ホテル」の用途の中なので、遡及対応が求められないため、既存不適格のままで構いません。しかし、上述のように今回のホテルの用途と既存テナント部分は異種用途区画が新たに必要になっています（図13）。既存の事務所用途の場合、特殊建築物ではないため、テナント部分とは異種用途区画は必要ありませんでした。したがって、この異種用途区画は今回のホテルへの用途変更の際に新たに発生した防火区画であるため、遡及対応が求められることになります。異種用途区画に設ける開口には遮煙性能が必要なため、地下1階のみエレベーターの扉部分に防火防煙スクリーンを設けることにしています（図14）。

　通常は防火区画というとコンクリート壁やコンクリートブロック壁等の重厚な壁や防火防煙シャッター等を想像されると思いますが、現在では乾式の耐火構造の壁にもいろいろな種類や工法があるため、改修の内容によって適切な防火区画の方法を選択することでコストを低減したり、入居中のテナントの負担を減らすことが可能になるのです。たとえば、エレベーターの扉を遮煙性能を持った最新の扉に変更しようとすると、内部のかごや扉のサイズが合わずに躯体を改修する必要が出てきたり、古い型だと操作盤等の電気系統を一式変更し

注3．防火区画の壁は、界壁 ➡ p.75 と同様に、天井裏を貫通して上階の床（スラブ）まで到達するよう設ける必要があります。天井裏を煙や火が伝わっていかないようにするためです。
注4．建築基準法施行令第114条第2項に「（前略）、ホテル、旅館、（中略）の用途に供する建築物の当該用途に供する部分については、その防火上主要な間仕切壁（中略）を準耐火構造とし、（中略）、小屋裏又は天井裏に達せしめなければならない」と定められた規制です。

第3章　商業系、宿泊施設、工場等への大規模な改修　*199*

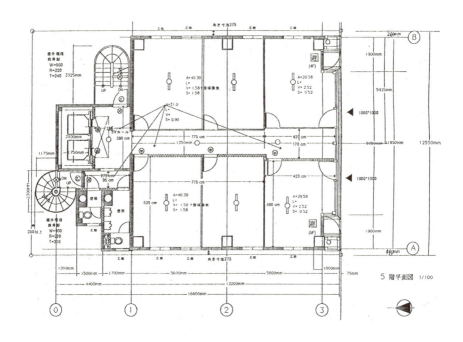

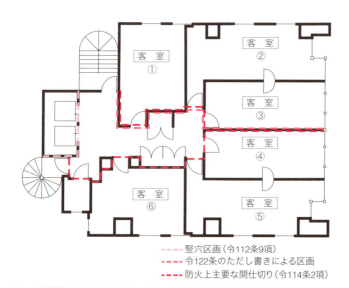

　　　　　---------- 竪穴区画（令112条9項）
　　　　　---------- 令122条のただし書きによる区画
　　　　　---------- 防火上主要な間仕切り（令114条2項）

図9　改修前（上）と改修後（下）の防火区画壁の位置比較

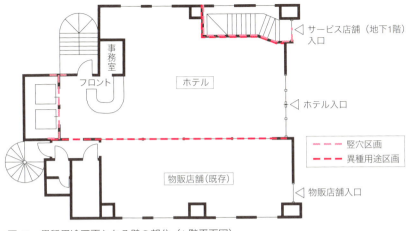

図10　異種用途区画となる壁の部分（1階平面図）

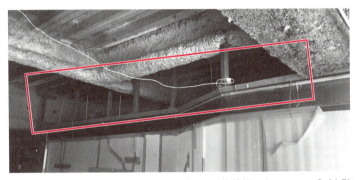

図11　既存ガラス間仕切り。天井裏を確認し、枠線部のようにスラブ（上階の床）まで到達していないことが分かり、防火区画ではないと結論づけた

なければならないため、コストが数百万円かかってしまう場合があります。防火防煙スクリーンを使った場合、製品自体は50万円程度とやや高価ですが、それ以外の工事にそれほど負担の大きいものがないため合計80〜100万円程度で済みます。

その他宿泊施設特有の規制 —— 採光規制

　建築基準法や消防法以外で、宿泊施設のみに適用される重要な規制として、旅館業法による採光規制があります。建築基準法にも採光規制はあり、住宅や

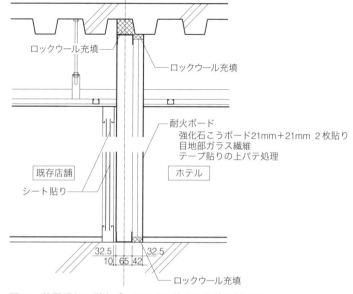

図12 片面張りの耐火ボードによる防火区画壁の断面図

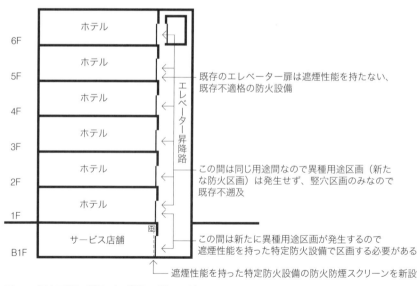

図13 竪穴区画の遡及／不遡及のダイアグラム図

図14　防火防煙スクリーン（ツールボックス No.02 参照 ➡ p.207）（写真提供：三和シャッター工業株式会社）

学校、福祉施設等に適用されますが、宿泊施設には適用がありません。しかし、旅館業法の採光規制では、客室面積の 1/8 〜 1/10 程度の、採光に有効な開口部が各客室に必要になります。今回の建物は、もともと事務所用途でしたが、隣地境界線側にも一定の開口部が開いていたためそれらを利用することができました。しかし市街地のオフィスビル等は隣地に近接して建てられている場合が多く、道路側に大きな開口を設ける一方、隣地境界線側には一切開口部を設けていない場合も多いです（図15）。開口部の位置を確認しないまま計画を進めて、旅館業の申請を行う段階で開口部がないことに気づくという事態は避けなければなりません。

　いざとなれば開口部を新たに開ける方法もありますが、鉄筋コンクリート造であれば構造的な補強が必要になる場合があったり、鉄骨造でも足場等コストがかかるので、計画の見直しが必要になる場合もあります。

　客室をレイアウトするにあたっては、常に採光が取れているかどうか確認する必要があります。事業者の立場であれば、部屋が外気に面しているかどうかだけでも見ておくとよいでしょう。

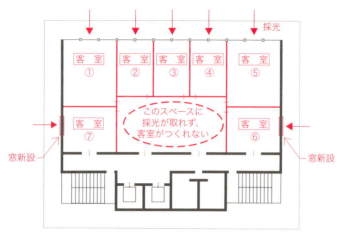

図15 客室が取りにくい平面構成の例（元が事務所などの場合）

まとめ ── 客室の効率を最大化できるよう丁寧に法規を検証する

　今回の物件は事務所からの改修でしたが、ホテルと比較的似た構成であるマンション（共同住宅）からの改修の要望も増えています。

　しかし、共同住宅の用途は、共用廊下と階段が容積率の算定部分から免除されていることもあり、ホテル用途に変更すると、どうしても容積オーバーになってしまう場合が多いです。そうなると一部を屋外にしたり、駐車場のような容積対象外の用途に変更する必要が出てくるので、既存の住戸の面積のまま客室を設けられるとして収支を計算していると、実際に計画を立てると面積が減ってしまい、収支が合わないといった事態になることもありえます。

　また、事務所用途の場合には、先に述べたように道路側にしか開口部を設けていないことが多く、プランニングに大きな制約が出てくる場合もあります。思い描いた形に客室が取れないのでは、収支に大きな影響が出ます。

　宿泊施設には規制が多いことを理解し、改修工事の場合は計画の初期段階から設備も含めてさまざまな角度から既存建物の検証を行って、本当にこの物件で計画が進められるのか、スケジュールも加味して検討していく必要があります。

ツールボックス

ここでは、改修の現場で知っておくと便利な工法、ツールなどをご紹介します。

改修の現場では重機が入れなかったり、すでにできあがったものを壊さずに使ったりといった新築の現場と違った工法を使う必要が出てきます。

ここで紹介する工法は、やや特殊な工法でそれ単体でのコストは割高になる可能性がありますが、工期や他のテナントへの影響、養生の必要性等条件が整えばより安価かつ短工期で工事することができる可能性があります。

すべてのケースでこれらが効果を発揮するとは限りませんが、こういった方法もあるということを念頭におき、工事業者や設計者に提案できるノウハウの１つとして知っておいても損はないものだと思います。

なお、各事例のコストについては 2018 年 8 月現在の平均的な単価で、施工規模や条件などによって変動しますのでご留意ください。

01：防火区画 - 壁

鉄筋コンクリート壁

耐火構造の場合
厚さ 70mm 以上
かぶり厚 30mm 以上

▶必要となるシーン：新たに設ける耐震壁を防火区画壁と兼用する場合
▶メリット
非常に堅固で、耐震壁として利用することも可能な場合がある。
▶デメリット
コストが高い。また、コンクリートが乾くまでに養生が必要で、工期も長い。
▶コスト：1万5000円/m²程度

コンクリートブロック壁

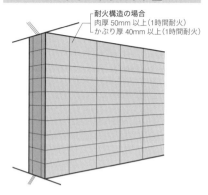

耐火構造の場合
肉厚 50mm 以上（1時間耐火）
かぶり厚 40mm 以上（1時間耐火）

▶必要となるシーン：一般的な間仕切り壁で防火区画を形成する場合
▶メリット
鉄筋コンクリート壁と比較すると安価である。
▶デメリット
乾式の工法と比較するとやや高価で工期も長い。
▶コスト：1万円/m²程度

強化石膏ボード壁（片面） 事例2-1、3-3

耐火構造の場合
強化石膏ボード 21mm 2枚張り 他

▶必要となるシーン：エレベーターや階段を追加することで新たに竪穴区画が発生する場合、または同じ階に違う用途のテナントを入れることで異種用途区画が発生する場合
▶メリット
片面だけに施工することができ、短工期で施工できる。
▶デメリット
両面張りのものと比べると高価。また、材料が厚く重く施工しにくい。
▶コスト：9500円/m²程度

強化石膏ボード壁（両面） 事例3-3

耐火構造の場合
強化石膏ボード 15mm 2枚張り 他（両面）

▶必要となるシーン：一般的な間仕切り壁で防火区画を形成する場合
▶メリット
短工期で施工でき、安価である。
▶デメリット
裏面にスペースがないと施工できない。
▶コスト：7500円/m²程度

02：防火区画 - 防火設備

防火扉（常閉）

防火扉（常開）

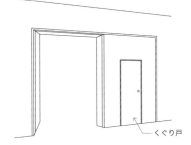

▶ 必要となるシーン：新たに必要となる防火区画に設ける開放性の不要な出入口ドア等
▶ メリット
コストが安い。電気配線工事が発生しない。
▶ デメリット
開放感がなくなってしまう。
▶ コスト：7万円 / 箇所程度（片開き）
　　　　　12万円 / 箇所程度（両開き）

▶ 必要となるシーン：部分的に見通しのほしい避難階段の出入口等
▶ メリット
常閉の扉と比べると開放感がある。防火シャッター等と比べるとコストが安い。
▶ デメリット
防火シャッターと比べると開放感に欠ける。火災報知器と連動する必要があり、電気配線工事が発生するため比較的コストが高くなる。
▶ コスト：40万円 / 箇所程度（W1.6m×H3.0m程度想定）

防火シャッター

防火防煙スクリーン　事例3-3

▶ 必要となるシーン：吹抜けやエスカレーター等の大規模でかつ開放性の必要な箇所の防火区画部分等
▶ メリット
開放感が大きい。
▶ デメリット
防火扉と比較するとコストが高い。避難の必要な箇所には防火扉を併設する必要がある。シャッターボックスが大きいため、梁と干渉する箇所は天井高さが低くなる場合がある。
▶ コスト：70万円 / 箇所程度（W5.0m×H3.0m程度想定）

▶ 必要となるシーン：エレベーター前の竪穴区画、天井高さが低い箇所の防火区画等
▶ メリット
開放感が大きい。エレベーター前等避難を伴わない「脱出」のみの箇所には防火扉の併設が不要。ボックスが小さいため、比較的天井内におさめやすい。
▶ デメリット
防火シャッターと比較してもコストが高い。避難の必要な箇所には防火扉を併設する必要がある。
▶ コスト：100万円 / 箇所程度（W5.0m×H3.0m程度想定）

03：防火区画 - 貫通処理（防火区画壁に配管等を通す場合の方法）

不燃材料の配管

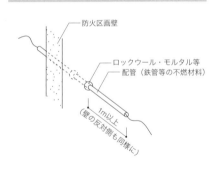

▶必要となるシーン：防火区画壁の両側から作業できる部分の配管貫通部分
▶メリット
一般的な工法であり、コストも安価。
▶デメリット
壁の反対側が工事範囲外だったりエレベーター昇降路等吹抜けの場合施工が著しく困難である。
▶コスト：1000 円 / 箇所程度

熱膨張耐火被覆材　事例3-3

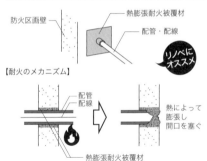

▶必要となるシーン：防火区画壁の反対側が工事範囲外だったり、吹抜け等の場合の配管貫通部分
▶メリット
配管の間に詰めたり、径の小さいものは壁面に貼るだけのものもあり、施工が容易。
▶デメリット
配管径が大きくなるにつれ、コストが高くなる。
▶コスト：800 円 / 箇所程度（φ36mm 以下）、
　　　　5000 円 / 箇所程度（φ100mm 以下）

04：消火設備

屋内消火栓

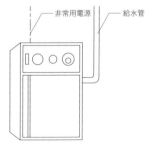

▶必要となるシーン：劇場（500m^2）、事務所／神社等（1000m^2）を除いた危険物を貯蔵しない無窓階を有しない防火対象物で 700m^2 以上のもの。ただし建物の耐火性能などにより面積は緩和される。
▶メリット
水源が確保されているため消火活動を続けることができる。
▶デメリット
給水配管、水槽、非常用ポンプ、非常用電源等の設置が必要になり、スペースも費用もかかる。
▶コスト：700 万円程度（7階建て想定。階が増えると各階75 万円程度増）

パッケージ型消火設備

▶必要となるシーン：屋内消火栓の導入が困難な箇所への代替消火設備
▶メリット
配管、配線、ポンプ等が不要で導入がしやすい。
▶デメリット
水源が確保されていないため、パッケージ内の消火剤を使い切ると消火活動を続けることができない。耐火建築物は地階を除く階数 6 階以下、かつ延べ面積 3000m^2 以下、その他の建築物は地階を除く階数 3 以下、かつ延べ面積 2000m^2 以下のものにしか設置できない。また各都道府県の火災予防条例で制限を強化している場合があるので各消防署に確認が必要となる。
▶コスト：70 万円 / 箇所

05：耐火被覆

ロックウール吹付

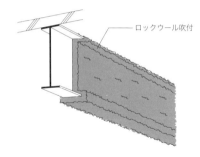

- ▶必要となるシーン：一般的な部位の柱、梁の耐火被覆
- ▶メリット
  一般的な工法でコストも安い。
- ▶デメリット
  吹付けで施工するため、リノベーションや後施工の場合にはすでに仕上がっている部分の養生が必要になる。
- ▶コスト：2000円/m²程度（被覆厚25mm）

耐火ボード

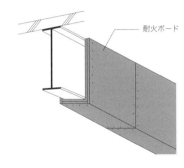

- ▶必要となるシーン：柱、梁型をそのまま見せる箇所の耐火被覆兼下地材
- ▶メリット
  乾式の工法のため、養生が不要で施工が簡単。クロス、塗装の下地としても使える。
- ▶デメリット
  ボードを施工するため下地が必要となり、被覆厚が大きくなる。
- ▶コスト：4500円/m²程度（被覆厚25mm）

耐火塗料

- ▶必要となるシーン：鉄骨の形をそのまま表すような意匠的な耐火被覆
- ▶メリット
  被覆厚が非常に薄く、またそのまま仕上げとして利用できるほど意匠的に優れている。
- ▶デメリット
  コストが高い。また、乾燥時間を要する。
- ▶コスト：7500円/m²程度（被覆厚2.5mm）

巻付け耐火被覆材　事例3-3

リノベにオススメ

- ▶必要となるシーン：コスト、工期重視での隠蔽部の耐火被覆
- ▶メリット
  乾式の工法のため施工が簡単で、養生も不要で工期短縮につながる。
- ▶デメリット
  柱・梁接合部など端部の施工が難しい
- ▶コスト：2800円/m²程度（被覆厚20mm）

06：杭地業（杭を打って建築物の荷重を地盤に伝達させる工法）

| 場所打ちコンクリート杭 | 羽根付鋼管杭 |

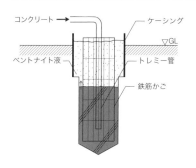
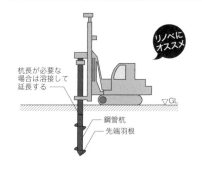

▶必要となるシーン：一般的な敷地での杭地業
▶メリット
　一般的な工法で、必要な耐力を取りやすい。
▶デメリット
　施工に時間がかかる。また、ベントナイト水槽、オーガー等施工のためのスペースが敷地内に必要になる。
▶コスト：150万〜250万円/本程度（杭長15m、10本施工想定）

▶必要となるシーン：エレベーターの増設や、不同沈下した基礎の補強等
▶メリット
　スペースがなくても、一定の天井高さがあれば建物内でも施工することができる。
▶デメリット
　杭長さに制限がある。
▶コスト：10万〜15万円/本程度（杭長5〜7m、10本施工想定）

07：サッシ改修工法

| 撤去工法 | カバー工法　コラム1 |

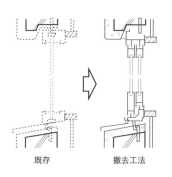

▶必要となるシーン：法的に開口寸法を縮めることができない箇所のサッシ改修
▶メリット
　既存と同程度の開口寸法を確保して新たなサッシを設けることができる。
▶デメリット
　外壁材や躯体を一部壊す必要があり、工期やコストがかかる。
▶コスト：35万円/箇所程度（はき出し窓）

▶必要となるシーン：コストをかけず、開口寸法を縮めても問題ない箇所のサッシ改修
▶メリット
　既存のサッシの上から施工するので工期、コストとも比較的安価。
▶デメリット
　開口寸法が一回り小さくなる。
▶コスト：20万円/箇所程度（はき出し窓）

08：基礎補強

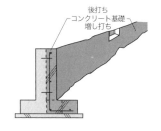

基礎コンクリート増し打ち

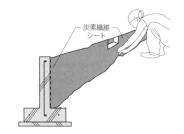

基礎炭素繊維補強

▶ 必要となるシーン：敷地に余裕がある場合の基礎補強
▶ メリット
　専門職ではない一般の職人による施工が可能で、比較的安価。
▶ デメリット
　コンクリート乾燥のための時間がかかる。適切に施工しないと強度を確保することが難しい。基礎幅が増えるので、敷地に余裕がないと施工できない場合がある。
▶ コスト：1万円/m程度

▶ 必要となるシーン：工期や敷地に余裕がない場合の基礎補強
▶ メリット
　コンクリート打設の必要がないため、工期が早い。
▶ デメリット
　コストが高い。専門の職人による施工が必要。
▶ コスト：2万円/m程度

09：超音波鉄筋探査機

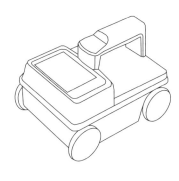

超音波鉄筋探査機　　　　　事例2-2

▶ 必要となるシーン：非破壊による鉄筋調査
▶ メリット
　コンクリートを破壊することなく鉄筋のピッチを測定することができる。おおむね表面からの深さも測定できるため、かぶり厚さもあわせて測定できる。
▶ デメリット
　鉄筋の径を測ることはできない。
▶ コスト：6万円/人工程度（木造戸建て建築物の基礎周り程度）

おわりに ── 法律の枠組みを超えていく

　この本を通して、「建物の法律」とはどのようなものか、を普段建築や法律に身近に接する機会の少ない事業者の方にも少し触れていただけたのではないかと思います。

　「建物の法律」は非常に複雑で、この本だけではすべてを語りつくすことはできません。しかし、この本を最後まで読んでいただいた方には、法律とは我々をがんじがらめに縛るためにあるものではなく、法に従ってまじめに取り組もうとする事業者にとっては、時として力強い援護射撃となることもあり得ることを分かっていただけたのではないかと思います。

　法律は世の中ができるだけ良くなるように過去の偉人たちによってつくられてきました。社会情勢の変化などで、今の時代にそぐわないものもありますが、法律のできた背景や法改正の背景を丹念に読み解き、法の趣旨を理解するように努めれば、これから新しい可能性が広がっていき、今ある法律の枠組みを超え、より良い社会をつくることができるのではないかと私たちは考えています。

　最後になりましたが、この本の執筆に際し、多くのお世話になった方々にこの場を借りてお礼を申し上げたいと思います。

　まずは学芸出版社の神谷彬大さんには、建築士向けの法解説本を書いてほしいというご依頼に対し、事業者向けの本のほうがいいという私のわがままを聞き入れ、最後には事業者の視点に立っていただいてたくさんの助言をしてくれました。神谷さんのお力がなければこの本は完成しなかったと思います。

　次に、編集についてご協力いただいたフリーランチの納見健悟さん。彼には私たちの会社のマーケティングの顧問もお願いしており、企画・構成を考える段階から私たちの会社の強みを一緒に考え、なぜ事業者の方に「建物の法律家」が必要なのかを考えるお手伝いをしていただきました。本当にありがとうございました。SKGの助川誠さんにはタイトなスケジュールにも関わらず、素晴らしい装丁をデザインしていただきました。私たちの会社のコンセプトを深く理解してデザインを考えてくれました。また、hooopの武田英志さんには非常に

細かい点までレイアウトを引き締めていただきました。ありがとうございました。

　そして、今の「私」という人間を形づくっていただいた、岸和郎先生、古市徹雄先生、TY アーキテクツの山田泰二社長、英建の阿部英司社長、この本に事例の掲載を快諾していただいた事業者の皆様にもお礼を申し上げたいと思います。皆様のあたたかいまなざしがなければ今の私はありませんでした。

　そのほか、本のタイトルや内容について佐々木ののかさん、イシジマミキさん、綿村一彦さん、暁海さんご夫妻はじめ多くの方にアドバイスをいただきました。全員の皆さまのお名前をお出しすることができませんが、公私ともにお付き合いさせていただいている皆様のおかげで本書ができました。この場を借りてお礼を申し上げます。本当にありがとうございました。今後ともよろしくお願いします。

　また、図版や本の内容についての助言をくれた建築再構企画のメンバー、榮彩葉、安川葵、岡野美樹。そして公私にわたって、執筆を支えてくれた妻の奈津子と子どもたち、実家に 2 人で過ごす両親にもお礼を言いたいと思います。いつも新鮮な驚きをありがとう。これからもよろしく。

2018 年 8 月
佐久間悠

索引

■英数

IS値 ·······98
耐震改修促進法で定められた、耐震指標の判定基準のこと。一般に0.6以上の数値が出れば「必要な耐震強度に対し100%の強度を持っている」と判定される。

QCD ·······38
Q（品質）、C（コスト）、D（納期、スケジュール）の略。これらのバランスをうまく調整することが事業の円滑化に重要。

2号建築物 ·······84
木造3階建て住宅などが該当し、4号建築物に比べ改修等の手続きが多く、規制も厳しくなる。

4号建築物 ·······83
木造の建築物で延べ面積500m²以下、最高高さと軒の高さがそれぞれ13m、9m以下で階数が2以下のもの、または木造以外の建築物で、延べ面積が200m²以下で平屋のもの。主に小規模な戸建て住宅などが該当する。建築士が設計したものであれば確認申請の手続きが大幅に簡略化され、構造計算書の添付も不要となる。

■い

異種用途区画 ·······105, 198
建築基準法に規定される防火区画の1つで、防火上特に配慮が必要な用途とその他の用途部分が混在する場合、それらの違う用途同士の間を防火区画するように定められている。

エキスパンションジョイント ·······178
異なる構造を分割し、地震や温度変化による材料の収縮などによって建築物にかかる有害な力を伝達しないようにするための継目のこと。

■お

応力 ·······126
地震や風などの外力が加わった際にその力を受けた物体の内部に起きる反力のこと。

大壁 ·······61

屋外避難階段 ·······195
室内で火災が起こっても、屋内から完全に区画されていることで安全に避難するための階段。屋外避難階段から2mの範囲には、階段への出入口以外は、換気口や配管のための小さな開口も、煙や炎の流出を防ぐために設けてはならない。

屋内消火栓設備 ·······193
消防法により、建物の延べ面積や耐火性能に応じて設置しなければならない防火設備の1つ。

■か

界壁 ·······75
病院等や共同住宅、寄宿舎、ホテル等で必要となる区画壁のこと。室同士の間の壁と、避難経路となる廊下と室の間の壁は一定の防火性能や遮音性能を持った壁とし、上の階の床裏（最上階は小屋裏）まで届く壁にしなければならない。

確認申請 ·······4, 51
建築物を建てる時に必要となる、建物の計画が建築基準関係規定に合致しているかどうか確認する手続きのこと。一定規模の増改築や、特定の規模・用途に変更する場合にも確認申請が必要となる場合がある。

確認済証 ·······5

壁芯 ·······104
建築基準法上の面積算定の基準となる壁の中心線のこと。

壁倍率 ·······63
建築基準法で定められた耐震に有効な壁の強さを示す数値。

壁量計算 ·······58
耐力壁の量により、必要な耐震性能を満たしているか簡易に検討する方法。

完了検査 ·······18
建物が計画時の確認申請で審査された内容に適合しているかどうか、竣工後に確認する検査のこと。1〜3号建築物は原則完了検査に合格したことを示す「検査済証」が交付された後でなければ使用してはならない。

■き

木ずり ·······63

既存不適格建築物 ·······53
建物の着工後の法改正によって現行基準を満た

さなくなってしまった建物のこと。

旧耐震基準 ……………………………………35
　1981 年の建築基準法改正以前の耐震基準。震
度 5 強以下では倒壊しないように設計すればよ
く、震度 6 以上の地震に対しては特に規定がな
かった。

■け

権限移譲 ……………………………………118
検査済証 ………………………………………18
建築協定 …………………………………30, 51
建築計画概要書 ……………………………152
建築主 ………………………………………119
　建築基準法第 2 条第 16 項に定める、工事の発注
者のこと。

■こ

コア抜き ……………………………………127
　既存建物のコンクリート強度を測定するため、
コンクリートに穴を開け、コンクリートを採取
すること。

構造調査 ……………………………………126
コンクリート強度試験 ……………………127
コンクリート中性化試験 …………………129
　アルカリ性のコンクリートが中性化すると内部
の鉄筋が錆びやすくなってしまうため、どの程
度中性化が進んでいるかを確認するために、フ
ェノールフタレイン溶液を吹きかけて色の変化
を確認する試験。

■さ

採光 …………………………………………113
採光補正係数 ………………………………113

■し

市街化調整区域 ……………………………121
　たとえば環境保全や農地保全のため、市街化を
抑制すべきとされている区域のこと。住宅も含
めて建築物を新築することは原則として認めら
れていない。

視覚障害者誘導用ブロック ………………111
指定確認検査機関 …………………………19

児童福祉施設等 ……………………………90
　建築基準法による福祉系施設の分類。保育園や
学童保育所、障害者支援施設、高齢者施設等が
含まれる。

主要構造部 …………………………………73
　柱、床（最下階の床を除く）、はり、屋根または
階段をいう。構造耐力上重要な部分だけでなく、
防火区画の床・壁、外壁、階段といった防火上
や安全上、避難上重要と考えられる部分も含ま
れる。

準防火地域 …………………………………73
　都市計画法に定められた「市街地における火災
の危険を防除するため定める地域」の 1 つ。①
延べ面積が 1500m² を超えるもの、②地階を除
く階数が 4 以上のものは耐火建築物、500m² を
超え、1500m² 以内のものは耐火建築物または準
耐火建築物、地階を除く階数が 3 のものは耐火
建築物または準耐火建築物または政令で定める
防火上必要な基準に適合する建築物としなけれ
ばならない。

小規模保育事業所 …………………………133
　3 歳未満児を対象とした、定員が 6 人以上 19 人
以下の少人数で行う保育施設のこと。

消防法 ………………………………………139
真壁 …………………………………………61
新耐震基準 …………………………………35
　1981 年の建築基準法改正時に導入された耐震
基準。震度 5 強以下の地震では倒壊しないこと
が義務づけられており、震度 6 以上の大地震が
来た時には損傷はしても多くの人が亡くなるよ
うな危険な壊れ方をしないように構造設計をす
ることが求められる。

■す

水平力 ………………………………………178

■そ

遡及 ……………………………………32, 133
　法令を、改正時までさかのぼって適用すること。
改修や用途変更を行うにあたり、既存の建物が
建った後の法改正の内容を適用しなければなら
ないことがある。

215

■た

耐火建築物 ･････････････････････73
主要構造部が耐火構造である、または耐火性能検証法という一定の計算方法により火災が終了するまで倒壊しないことが確認されたもので、かつ延焼のおそれのある部分の開口部に防火設備を設けた建築物。

大規模の修繕／模様替え ･････････85
建物の主要構造部の過半について行う修繕、または改修のこと。

耐震診断 ･････････････････････98

台帳記載（事項）証明書 ･････････33

竪穴区画 ･････････････････････75
エレベーターの昇降路や階段室、吹抜けといった複数階にわたって垂直方向に連続する空間を「竪穴」といい、この空間が火災時に下階の煙を上階に運んでしまわないよう必要とされる防火区画のこと。

■ち

地区計画 ･････････････････30, 50
都市計画法に定められた、住民と市区町村の合意にもとづき地区の目指すべき姿を都市計画に定め、規制や規制緩和によりまちづくりを誘導するための計画のこと。

直通階段 ･････････････････････134
ある階からその階段だけで避難口のある階まで直通で到達することのできる階段のこと。避難上重要な動線であるため、途中に扉を設けたり、他の室を経由したりすることは通常認められない。

■と

特定道路緩和 ･････････････････157
敷地の前面道路の幅員が 6m 以上で、敷地境界線から 70m の範囲に 15m 以上の幅員の道路（特定道路）がある場合、容積率算定用の道路幅員に一定の割増しを行うことができるという緩和条項のこと。

特別業務地区 ･････････････････31

■は

排煙 ･････････････････････････123

バリアフリー法 ･････････････････110

■ひ

非常用の照明設備 ･･････････････75
火災時等に避難上必要な設備のこと。

■ふ

複合用途防火対象物 ･･･････････140

不同沈下 ･････････････････････64
異なる性状の地盤の上に建った建物等の、基礎下の地盤が部分的に沈下することによって、基礎が不均等に沈下すること。

■へ

別表第 1（い）欄 ･･･････････････52

■ほ

防火対象物 ･･･････････････････140
消防法における建物の用途で、地下街やアーケード、山林等の、建築物ではない工作物や自然物も含まれる。

防火地域 ･････････････････････73
都市計画法に定められた「市街地における火災の危険を防除するため定める地域」の 1 つ。①延べ面積が 100m² を超えるもの、②階数が 3 以上のものは耐火建築物としなければならず、その他の建築物は準耐火建築物としなければならない。

■ま

窓先空地 ･････････････････････76
条例などにより、居住環境や避難経路を確保するため、集合住宅や寄宿舎のような居住用の建物の窓と隣地境界線の間に一定間隔で設けることが規定されている空地。

■み

みなし従属 ･･･････････････････141
1 つの防火対象物が複数の用途で使われている場合でも、従属する用途が小規模であれば単一の用途の防火対象物とみなしてよいという消防法の緩和規定。

■ゆ

誘導灯 ……………………………………140
　避難を容易にするために避難口や避難方向を指
　示するための照明設備のこと。

■よ

容積対象床面積 ……………………………153
　延べ面積から容積率算定の対象とならない部分
　の面積を引いた面積のこと。たとえば共同住宅
　の共用部分や、エレベーターホールはすべて容
　積対象には入らない。また、駐車場や駐輪場は
　延べ面積の 1/5 までは容積対象の床面積には入
　らない緩和部分となる。

容積率 ……………………………………154

用途変更 …………………………………52
　建物の用途を変更することで、元の用途から他
　の用途に転用することを言う。変更後の用途が、
　建築基準法別表第 1（い）欄の特殊建築物の用
　途で、200m^2 を超えるものに変更する場合に限
　り、確認申請が必要になる。

■れ

令 8 区画 …………………………………141
　消防法施行令第 8 条に規定する開口部のない耐
　火構造の床または壁の区画のこと。建築基準法
　の異種用途区画と同様の考え方のものだが、よ
　り厳しい規制となっている。

佐久間 悠（さくま・ゆう）

1977 年神戸市生まれ。一級建築士。株式会社建築再構企画代表取締役。
京都工芸繊維大学大学院修了。大型公共施設の実績を多数有する古市徹雄都市建築研究所、
商業施設の設計を得意とする TY アーキテクツ勤務を経て、2007 年に独立。2013 年より株式
会社建築再構企画に改組・改称。同社の代表取締役を務める。
新築及び内装デザインの設計・監理の経験を活かし、「建物の法律家」として、違法建築、既
存不適格の適法改修に高い専門性を有する。個人住宅から上場企業の保有施設まで、幅広い
クライアントに対して、サービスを展開している。
第 2 回「これからの建築士賞」受賞（2016 年）。共著書に『リノベーションプラス　拡張す
る建築家の職能』（ユウブックス）、監修書に『知っておきたい！最新　図解　建築基準法と
消防法のしくみ』『入門図解　はじめての建築基準法』（ともに三修社）がある。

企画・編集協力：納見健悟（フリーランチ）
本文デザイン協力：武田英志（hooop）

事例と図でわかる
建物改修・活用のための建築法規
適法化・用途変更・リノベーションの手引き

2018 年 9 月 20 日　初版第 1 刷発行
2022 年 12 月 20 日　初版第 5 刷発行

著　者………佐久間悠

発行者………井口夏実

発行所………株式会社学芸出版社
　　　　　　　京都市下京区木津屋橋通西洞院東入
　　　　　　　電話 075 - 343 - 0811　〒 600 - 8216
　　　　　　　http://www.gakugei-pub.jp/
　　　　　　　E-mail:info@gakugei-pub.jp

編集担当………神谷彬大

装　丁………助川誠・徳毛郁子(SKG)

印　刷………イチダ写真製版

製　本………山崎紙工

編集協力………村角洋一デザイン事務所

© 佐久間悠 2018　　　　　　　　　　Printed in Japan
ISBN 978-4-7615-2687-0

JCOPY 〈(社)出版者著作権管理機構委託出版物〉
本書の無断複写（電子化を含む）は著作権法上での例外を除き禁じら
れています。複写される場合は、そのつど事前に、(社)出版者著作権管理
機構（電話 03 - 5244 - 5088、FAX 03 - 5244 - 5089、e-mail: info@jcopy.
or. jp）の許諾を得てください。
また本書を代行業者等の第三者に依頼してスキャンやデジタル化する
ことは、たとえ個人や家庭内での利用でも著作権法違反です。

好評発売中

用途と規模で逆引き！　住宅設計のための建築法規

そぞろ 著

A5 判・256 頁・定価 本体 2800 円＋税

初心者からベテランまで、わかりやすい！と評判の建築基準法ブロガー・そぞろが、複雑な建築法規を会話形式でテンポよく解説。住宅の用途・規模から適用される法規がすぐ調べられる「逆引き表」で、規制の見落としを防ぐ。確認検査機関側の目線で要点が押さえられているから、事前協議にも強くなる！住宅設計者必携の 1 冊！

不動産リノベーションの企画術

中谷ノボル＋アートアンドクラフト 著

A5 判・232 頁・定価 本体 2600 円＋税

建物の価値を高める企画・設計・販売のツボを開拓者である著者が伝授する。今や都市のアツいスポットはリノベーション物件でできている。時間に培われた土地・建物の魅力は、物件の差別化に欠かせない個性そのものだ。新築では簡単に創り出せない。物件の個性を見極め、勘の良い入居者を惹きつけ、場の価値を高めるノウハウ。

改訂版　図説 やさしい建築法規

今村仁美・田中美都 著

B5 変判・232 頁・定価 本体 3200 円＋税

2019 年 6 月施行の建築基準法（防火・準防火地域、大規模木造建築物、防火区画等）の対応に加え、関連法規として新たに建築物省エネ法を収録。2 色刷の明解な文章と豊富なイラスト図解で、年々複雑になる建築基準法や関連法規の要点も一目瞭然！建築士受験対策にも最適と評判の累計 3 万部のベストセラー、待望の改訂版。

福祉転用による建築・地域のリノベーション　成功事例で読みとく企画・設計・運営

森一彦・加藤悠介・松原茂樹・山田あすか・松田雄二 編著

A4 判・152 頁・定価 本体 3500 円＋税

空き家・空きビル活用の際、法規・制度・経営の壁をいかに乗り越えたか。建築設計の知恵と工夫を示し、設計事務所の仕事を広げる本。企画・設計から運営まで 10 ステップに整理。実践事例から成功の鍵を読み解く。更に技術・制度、地域との関わりをまとめ、海外での考え方も紹介。「福祉転用を始める人への 10 のアドバイス」を示す。

建築と不動産のあいだ　そこにある価値を見つける不動産思考術

高橋寿太郎 著

四六判・256 頁・定価 本体 2200 円＋税

設計事務所と不動産会社を渡り歩き、両業界のコラボレーションに挑戦する著者が、より創造的な価値を生む建築不動産フロー〈ビジョン→ファイナンス→不動産→デザイン→施工→マネジメント〉の考え方と実践を紹介。建築家だからこそわかる土地の価値、不動産会社だから分かる建物の価値、建て主の利益はそこに隠れている！

リノベーションの教科書　企画・デザイン・プロジェクト

小池志保子・宮部浩幸・花田佳明・川北健雄・山之内誠・森一彦 著

B5 変判・172 頁・定価 本体 2800 円＋税

リノベーションを学び、設計やプロジェクトに取り組むための入門教科書。住宅や学校、商業施設などの建物単体から地域レベルまで、計画手法を事例とともに解説し、調査・設計・現場・運営の実践ポイントも充実。講義テキストとしてはもちろん、学生から実務者まで、初めてリノベに取り組む人の手引きとして最適の 1 冊。